# A Crime in the Paddock – Verbrechen auf der Pferdekoppel

von Jan Schuld

**Langenscheidt**

München · Wien

Lektorat: Marion Schweizer
Englischsprachiges Lektorat: Charlotte Collins
Illustrationen: Anette Kannenberg
Umschlaggestaltung: init.büro für gestaltung, Bielefeld

www.langenscheidt.de

Umwelthinweis: gedruckt auf chlorfrei gebleichtem Papier

© 2010 by Langenscheidt GmbH & Co. KG, München
Satz: Franzis print & media GmbH, München
Druck und Bindung: C.H.Beck, Nördlingen

ISBN 978-3-468-20810-2

# Inhalt

| | |
|---|---:|
| Ferien! | 5 |
| Angriff auf Apollo | 21 |
| Schöne Bescherung | 32 |
| Motiv gesucht | 47 |
| Wie kocht man einen Karpfen? | 63 |
| Wirtsgezeter | 73 |
| Falsche Fährte | 88 |
| Verschmähte Liebe | 99 |
| Scherben im Schnee | 110 |
| Fliegende Bratwürste | 116 |

# Ferien!

"Du bist ja echt eine faule Socke!"

"Gar nicht wahr." Charly streckte ihrer Schwester die Zunge raus und gähnte herzhaft. "Am ersten Ferientag schläft sich jeder mal aus."

"Die Ferien sind viel zu kurz, um sie zu verpennen", behauptete Hanna. "Ich bin schon um sieben aufgestanden, hab die Ponys versorgt, und als es hell wurde, bin ich losgeritten − kreuz und quer über die Felder. Das war klasse!"

Die zwölfjährige Hanna und ihre zwei Jahre jüngere Schwester wohnten auf einem Bauernhof, der etwas außerhalb des Dorfs lag, und Hanna war es grundsätzlich egal, ob es regnete oder stürmte, solange sie nur auf einem Pferd sitzen konnte.

"Im Bett war's garantiert gemütlicher." Charly holte Milch aus dem Kühlschrank und kochte Kakao. "Sind die Australier schon da?"

"Bis jetzt noch nicht. Möchte mal wissen, wo die rumtrödeln."

"Da kommt ein Auto, vielleicht sind sie das."

Hanna lief zur Haustür und spähte neugierig nach draußen. "Ne, ist bloß Mama."

"Das hab ich gehört!", rief Frau Hansen. "*Bloß* Mama − eine feine Begrüßung am frühen Morgen."

"Haha, früher Morgen!" Hanna half ihr, den Einkaufskorb in die Küche zu schleppen. "Ich bin schon lange auf und hab Maren beim Training zugeschaut. Mensch, irre, wie die reiten kann! Und ihr Apollo ist Spitze. Die beiden gewinnen bestimmt das Weihnachtsturnier. Ich hab überlegt, ob ich mir draußen auf der Wiese auch ein paar Hindernisse aufbauen soll."

"Das fehlte noch", sagte Frau Hansen. "Du springst mir schon genug über Gräben und Hecken."

"Aber Maren …"

"Maren ist erstens schon vierzehn und lebt zweitens auf einem Reiterhof. Aber wir sind Landwirte und brauchen hier keinen Hindernisparcours." Sie stellte die Milch wieder in den Kühlschrank und wechselte das Thema. "Sind die Burrells inzwischen angekommen?"

"Ne, wir haben uns auch schon gewundert." Charly schmierte sich ein dickes Marmeladenbrot und machte es sich grade auf der Fensterbank gemütlich, als jemand an die Scheibe klopfte.

Draußen standen Cameron und Kylie, die ihnen übermütig zuwinkten.

"Wenn man vom Teufel spricht …" Hanna sauste zur Haustür. "Where **have** you **been**?"

"In **Australia**, of course." Kylie lachte. "Hey, I'm **really glad** to be **here** again."

---

**(have) been** (seid) gewesen
**Australia** Australien
**really** wirklich
**glad** froh
**here** hier

"**Me too.**" Cameron stellte erleichtert seinen schweren Rucksack ab. Gleich drauf erschienen auch Ross und Lily Burrell, die Eltern der beiden, beladen wie die Packesel. Das letzte Stück zum Haus mussten sie zu Fuß gehen und so brachten sie ihr Gepäck mit herein.

"Hi **everybody!**" Ross strahlte. "**Boy, that was** a long **flight!**"

"**Welcome back**", begrüßte sie Frau Hansen. "We're glad you'**ve arrived safe and sound. Put down** your **luggage** and have a cup of coffee."

"Oh yes", seufzte Lily, "that **would be wonderful.**"

"Your house is waiting for you. My husband **switched**

---

**Me too.** Ich auch.
**everybody** alle
**Boy!** *hier:* Mensch!
**that** das
**was** war
**flight** Flug
**welcome** willkommen
**back** zurück
**(have) arrived** (seid) angekommen
**safe and sound** heil und gesund
**put down** stellt ab
**luggage** Gepäck
**would be** wäre
**wonderful** wunderbar
**switched on** hat angeschaltet

**on** the **heating** yesterday so it **should** be warm and **cosy now**."

"Great." Ross kippte seinen Kaffee in einem Zug hinunter. "Come on, **kids**! Let's go!"

"Oh Ross, I'd really like to drink my coffee **first**", protestierte seine Frau.

"Take your time, but I can't wait to see our house."

"Männer", flüsterte Lily auf Deutsch, "immer so ungeduldig."

Frau Hansen lachte. "Stimmt, da ist was dran. Jetzt schlaft euch erst mal aus, und heute Abend kommt ihr zum Essen, okay?"

"Los, Charly, wir helfen ihnen mit dem Gepäck", sagte Hanna.

"Ich bin doch noch nicht mal anzogen."

"Du Faultier. Es ist gleich Mittag."

"Und es sind Ferien." Charly trank genüsslich einen großen Schluck Kakao und mampfte ungerührt ihr Marmeladenbrot.

"Die verpennen jetzt bestimmt den Rest vom Tag", sagte Hanna, als sie zurückkam. "Dann reite ich mal

---

**heating** Heizung
**should** sollte
**cosy** gemütlich
**now** jetzt
**kids** Kinder
**first** zuerst

kurz rüber zu Maren. Mittagessen fällt ja wohl flach?"

Frau Hansen nickte. "Ihr könnt euch nachher ein paar Würstchen warm machen."

"Aber Hanna, du wolltest doch mit mir ins Dorf", wandte Charly ein.

Hanna seufzte. "Na gut, aber nur, wenn wir reiten dürfen."

"Meinetwegen", sagte Frau Hansen. "Aber wehe, ihr seid nicht pünktlich zum Abendessen zurück. Dann könnt ihr hungrig ins Bett gehen."

"Klar, Mama." Hanna zwinkerte ihrer Schwester zu. Beide wussten genau, dass ihre Mutter es nicht ernst meinte.

"Und reitet vernünftig! Keine Springerei bei diesem nassen Wetter."

"Nee, Mama."

Gemächlich trabten Hanna und Charly auf ihren Ponys ins Dorf, um Geschenkpapier zu kaufen.

Während Hanna sich schnell für ein blau-rot gestreiftes Papier entschieden hatte, brauchte Charly ewig. Es gab so viele verschiedene und alle waren schön – die einfarbigen in leuchtendem Rot oder Grün, die durchsichtigen Folien mit silbrig glitzernden Sternen, goldenen Engeln . . .

"Nun mach schon, die Ponys werden ungeduldig", seufzte Hanna und schaute durchs Schaufenster auf die Straße hinaus. Plötzlich stutzte sie. "Da draußen fährt die Polizei vorbei. Wo kommt die denn her?"

"Wahrscheinlich vom Wirt", meinte die Verkäuferin. "Da gibt's ja dauernd Ärger."

"Stimmt. Bist du endlich fertig, Charly?"

"Ja, ja, hetz nicht so."

In aller Ruhe zockelte sie hinter ihrer Schwester her.

"Los, ein bisschen Bewegung!", rief Hanna.

"Das täte der da auch ganz gut", flüsterte Charly, als sie am Gasthof vorbeikamen.

Hanna grinste. Die dicke Wirtin erinnerte wirklich schwer an eine Kugel auf Beinen, und falls sie einen Hals hatte, war davon nichts zu sehen, da sie einen Umhang mit dickem Pelzkragen trug.

"Die hat schon wieder ein totes Tier an. Möchte bloß mal wissen, wie viele Pelzmäntel die im Schrank hängen hat. Jedes Mal, wenn ich sie sehe, trägt sie einen anderen", meinte Hanna.

"Was machen die da eigentlich?", fragte Charly.

Frau Engel stand auf der Treppe zum Gasthof, während eine der Kellnerinnen die Tür abschrubbte.

"Da ist was draufgeschrieben." Hanna reckte sich, um die weißen Buchstaben lesen zu können. "Mist, die Dicke steht dauernd im Weg. Sie müsste sich mal umdrehen . . ."

"Guten Tag, Frau Engel!", rief Charly und die Wirtin wandte sich tatsächlich um.

Sie warf ihnen allerdings nur einen abfälligen Blick

zu, ohne ihren Gruß zu erwidern. "Nun mach schon, Jutta!", zeterte sie. "Es kann doch nicht so schwer sein, diese Schmiererei abzukriegen."
Hanna kicherte. "Hier gibt's Ekelfraß."
"Wo?"
"Das hat jemand an die Tür geschrieben – guck mal genau hin, dann kannst du's noch lesen."
Die beiden Mädchen lachten, sehr zum Ärger der Wirtin.
"Was steht ihr da rum? Hier gibt's nichts zu sehen. Nun beeil dich doch mal, Jutta."
"Sie könnte ihr ja ein bisschen helfen, dann ginge es schneller", meinte Charly.
"Die? Mit ihren zwanzig Ringen an den fetten Wurstfingern? Die macht bloß einen auf feine Dame und zählt das Geld, hab ich gehört."
"Und ich hab gehört, was du gesagt hast!", schrie die Wirtin. "Du kannst von Glück sagen, dass die Polizei schon wieder weg ist, sonst hätte ich euch gleich noch wegen übler Nachrede angezeigt."
"Komm, Hanna", drängte Charly. "Reiten wir weiter."
"Wieso? Ich kann hier so lange rumstehen, wie ich will, und ich kann erst recht sagen, was ich will."
Ein Mercedes kam die Dorfstraße hochgebraust und hielt vor der Gastwirtschaft.
"Aha, der Herr Engel", sagte Hanna.
Ein kleiner dicker Mann stieg aus und der im Hof

angekettete Hund sprang freudig schwanzwedelnd auf ihn zu. Herr Engel versetzte ihm nur wortlos einen Tritt, dass das Tier sich winselnd zurückzog.

"Warum treten Sie denn Ihren Hund?", rief Hanna. "Der wollte Sie doch bloß begrüßen."

Der Wirt gab ihr keine Antwort und stapfte schnaufend die Treppenstufen hinauf. "Ist die Schmiererei noch immer nicht weg?"

"Ich tu, was ich kann, Fritz", behauptete seine Frau. "Aber die Farbe lässt sich einfach nicht abwaschen."

"Ich tu, was ich kann – das ist gut", flüsterte Hanna. "Dabei steht sie nur daneben und tut gar nichts."

"Jetzt komm aber, ich will heim, ehe es hier noch ungemütlich wird. Außerdem fängt es gleich wieder an zu regnen." Charly musterte argwöhnisch die dunklen Wolken und hoffte, dass sie es noch rechtzeitig vor dem nächsten Guss nach Hause schafften.


"**Wow**, that looks great!" Ross musterte fast andächtig den gedeckten Tisch. "I love German food."

"And German **beer**, as we know." Herr Hansen schenkte ihm ein Glas Pils ein.

Die australische Familie hatte im vergangenen Sommer das kleine Gesindehaus auf dem Hof gekauft, das schon lange leergestanden hatte.

---

**Wow!** Mensch!
**beer** Bier

Hanna und Charly waren davon erst überhaupt nicht begeistert gewesen. Aber als sie erfahren hatten, dass die beiden Kinder, der zwölfjährige Cameron und seine zehnjährige Schwester Kylie, genauso alt waren wie sie, hatten sie rasch ihre Meinung geändert – und alle zusammen waren sie im Sommer mitten in ein aufregendes Abenteuer geraten.

"Any **exciting news**?", fragte Cameron gespannt.

"Yes, **actually**", erwiderte Hanna. "**Though not another adventure for us, unfortunately**."

"Das fehlte noch", sagte Herr Hansen. "Mir haben die Aufregungen letztes Jahr gereicht. Und jetzt vor Weihnachten sind Abenteuer sowieso verboten."

"Finde ich auch." Charly schaute zur Tür. "Wo bleibt denn Mausi?"

"Yes, where is the **royal** cat?", fragte Kylie.

Charlys heiß geliebte rote Perserkatze hieß eigentlich

---

**exciting** aufregend
**news** Neuigkeiten
**actually** eigentlich
**though** aber
**not** nicht
**another** noch ein
**adventure** Abenteuer
**for** für
**us** uns
**unfortunately** leider
**royal** königlich

Elisabeth die Erste, da diese englische Königin wegen ihrer roten Haare berühmt gewesen war – doch alle nannten sie nur Mausi.

"In winter Her Royal **Highness** is **even lazier than** usual", erklärte Hanna. "She sleeps **all day** – **preferably** in one of our beds!"

"Gar nicht wahr", protestierte Charly. "Mausi macht jeden Tag ihren Spaziergang."

"Nur wenn das Wetter gut ist, sonst könnten ja ihre königlichen Pfoten schmutzig werden."

"Du würdest im Regen auch nicht rausgehen."

"Yes, that is a **real disappointment**", sagte Lily. "We **expected that Germany** would be **covered in snow** at this time of year – but **there isn't a single** snowflake."

"**Just** rain", seufzte Kylie. "And I **was looking for-**

---

**Highness** Hoheit
**even lazier than** sogar noch fauler als
**all day** den ganzen Tag
**preferably** am liebsten
**real** echt
**disappointment** Enttäuschung
**expected** haben erwartet
**that** dass
**Germany** Deutschland
**covered in snow** schneebedeckt
**there isn't a** es gibt keine
**single** einzig
**just** nur
**was looking forward to** ... habe mich auf ... gefreut

ward **to skating** on the **lake**. I'm getting **ice skates** for Christmas, you know."

"**Who cares about** skates." Cameron winkte verächtlich ab. "Tell me, Hanna, what's your exciting news?"

"**Well**, there's **going to be** a **show jumping competition** on **Boxing Day**, and I **bet** Maren is going to win. She's really great, her horse is **just fabulous** and ..."

"That's **all**?" Cameron schaute sie ungläubig an.

"I'm **sure** you'll **start** riding too **when** you see her jump", behauptete Hanna.

"**I'm not** very **keen on falling off such** a big

---

**skating** Schlittschuhlaufen
**lake** See
**(ice) skates** Schlittschuhe
**who cares about** wen interessieren schon
**well** nun
**going to be** wird
**show jumping competition** Springturnier
**Boxing Day** zweiter Weihnachtstag
**bet** wette
**just** einfach
**fabulous** fabelhaft
**all** alles
**sure** sicher
**start** anfangen
**when** wenn
**I'm not keen on** ich bin nicht scharf darauf
**falling off** herunterzufallen
**such** so

**beast**", sagte Kylie. "But I'm glad **everything**'s **peaceful** round here. I don't need any adventures in the Christmas holidays."

"Well, actually it's not all peaceful", meinte Charly und sagte zu ihrer Mutter: "Luise hat erzählt, dass gestern schon wieder der Tierschutz beim Wirt war."

"Und in der Nacht hat ihm anscheinend jemand *Hier gibt's Ekelfraß* an die Tür geschrieben", ergänzte Hanna grinsend.

"Das ist ja allerhand." Frau Hansen schüttelte den Kopf.

"Geschieht ihm recht", widersprach Charly. "Außerdem stimmt es doch."

"Ihr hättet mal sehen sollen, wie grob der seinen Hund behandelt", schimpfte Hanna.

"Und der dumme Hund liebt ihn trotzdem. Da sind Katzen doch gescheiter", sagte Charly.

"Kinder, nun seid mal nicht so unhöflich und sprecht Englisch, damit unsere Gäste uns auch verstehen", unterbrach Herr Hansen den kleinen Schlagabtausch zwischen den Schwestern.

"Oh, we understand you quite **well**", sagte Lily und ihr Mann grinste.

---

**beast** Untier
**everything** alles
**peaceful** friedlich
**well** gut

"It would be **a shame if you didn't**, Chalkie."
"Chalkie?", fragte Herr Hansen. "**What a strange nickname** for your wife."
Cameron lachte. "Mum teaches German, as you know. And in Australia teachers are **often called** chalkies."
"And the kids and I are learning **a lot** from our **own private** Chalkie", erklärte Ross. "I **already** know the **most difficult** words: *Flughafen, Mietwagen* ... and I even know that this *Wirt* is the man who **runs** the **pub**. But I didn't understand **what's wrong with him**."
"Well, Mr Engel isn't very **popular** here in the village", erklärte Frau Hansen. "**For years** we and our

18

---

**a shame** schade
**if you didn't** wenn du es nicht könntest
**what a** was für ein
**strange** seltsam
**nickname** Spitzname
**often** oft
**called** genannt
**a lot** eine Menge
**own** eigen
**private** privat
**already** schon
**most difficult** schwierigste
**runs** betreibt
**pub** Wirtshaus
**what's wrong with him** was mit ihm nicht stimmt
**popular** beliebt
**for years** seit Jahren

friends **met** at the pub **once** a week and it was always very nice. But **then** the old **landlord retired** and this Mr Engel **bought** the pub. **Since then** everything **has changed**."

"And how", brummte Herr Hansen. "The farmers who just want to have a beer in the evening aren't good **enough** for him." Er erklärte den Australiern, dass der neue Wirt aus dem Dorfgasthof ein Feinschmeckerlokal für gutbetuchte Gäste machen wolle.

"Mit Ekelfraß", ergänzte Charly.

"Mit Spezialitäten", korrigierte ihre Mutter. "Dabei glaube ich, der Herr Engel wäre ganz zufrieden als Besitzer einer guten Dorfwirtschaft – nur seiner Frau ist das nicht fein genug."

"Woher weißt du das?", fragte Hanna.

"Ich kenne sie, wir sind zusammen in die Schule gegangen."

"Was? Die ist so alt wie du?", staunte Charly. "Die sieht viel älter aus, finde ich."

---

**met** haben uns getroffen
**once** einmal
**then** dann
**landlord** Wirt(in)
**retired** ist in Rente gegangen
**bought** hat gekauft
**since then** seitdem
**has changed** hat sich geändert
**enough** genug

Frau Hansen lachte. "Danke für das Kompliment. Schon damals hat Anneliese immer davon geträumt, mal was Besseres zu sein. Den Fimmel hat sie vermutlich immer noch. Bloß eine Dorfwirtin - nein, das ist nichts für sie. Besitzerin eines vornehmen Landgasthofs dagegen ... das schon eher."

"Kann ich mir denken. Genau so führt sie sich auf, die Madame", sagte Hanna.

"Na, er ist doch genauso schlimm", wandte Charly ein. "Und er serviert gegrillte Katzen." Alle schauten sie erstaunt an.

"He **grills** cats?", fragte Kylie ungläubig.

Charlie nickte. "That's what Luise **told** me."

"Ach Gott, Luise, unsere Dorfhexe", seufzte Herr Hansen. "Die erzählt viel, wenn der Tag lang ist."

"Mich hat sie noch nie belogen! Und deshalb glaub ich ihr auch, dass dieser grässliche Engel Katzen grillt!"

"**Dear me**", stöhnte Cameron. "Grilled cats and not a single snowflake – it **sounds as if** the holidays are going to be **terribly** boring."

---

**grills** grillt
**told** hat erzählt
**Dear me!** Du liebe Zeit!
**sounds** klingt
**as if** als ob
**terribly** furchtbar

# Angriff auf Apollo

"Charly, wach auf! Es ist was Furchtbares passiert!"
"Was ist?" Charly blinzelte verschlafen.
"Bei uns geht ein Pferdeschlitzer um!"
Im Nu war Charly hellwach. "Sag das noch mal!"
"Ehrlich, du hast richtig gehört, jetzt treibt sich hier auch so ein Irrer rum!"
Charly sah, dass ihre Schwester regelrecht zitterte.
"Nun setz dich doch mal und erzähl. Mausi, rück ein Stück." Die rote Perserdame maunzte unwillig, als Charly sie etwas zur Seite schob.
"Ich bin vorhin zu Maren geritten, weil ich beim Training zuschauen wollte, und da war der Teufel los. Die Polizei war da, Herr Ostermann, Maren …"
"Ja, aber was genau ist denn passiert?"
"Keine Ahnung, außer dass offenbar jemand versucht hat, Apollo umzubringen." Hanna stand auf. Nervös tigerte sie im Zimmer hin und her. "Ich darf gar nicht dran denken! Davon hat man immer bloß gehört, aber es hätte doch kein Mensch geglaubt, dass auch bei uns mal so ein Scheusal auftauchen könnte."
"Was ist denn mit dem Pferd?", fragte Charly ungeduldig und streifte sich ihr Kleid über.
"Ich glaube, Apollo hat Glück gehabt oder ist zumindest noch rechtzeitig geflüchtet, ehe dieser Schlitzer richtig zustechen konnte."

"Boy, that sounds really horrible", meinte Cameron, als er die Neuigkeit hörte. "You know what this **means**? We have a new **mystery** to **solve**."
Hanna nickte entschlossen. "Yes, and we **have to** solve it **before** he **attacks** another horse."
"But what is a **horse ripper**?", fragte Kylie.
Hanna erklärte, dass in den letzten Jahren in verschiedenen Gegenden Deutschlands immer wieder Pferde angegriffen und verletzt worden waren. Und so gut wie nie habe man einen der Täter erwischt.
Kylie war entsetzt. "That's **unbelievable**! But what

---

**means** bedeutet
**mystery** Rätsel
**solve** lösen
**have to** müssen
**before** bevor
**attacks** angreift
**horse ripper** Pferdeschlitzer
**unbelievable** unglaublich

can we do? You **said** that they'**ve** already **called** the **police**, **didn't you**?"

"**So what?**"

"I'm sure they'll **find out** who it was."

"I bet we can solve this **case much** faster. **After all**, we live in this village and we know everybody here."

"Du glaubst doch nicht, dass es jemand aus unserem Dorf war?" Charly schaute sie entgeistert an.

"Quatsch! So was würde ich nicht mal dem größten Fiesling zutrauen."

"Ich schon. Dem Wirt", entgegnete Charly.

"Der ist ein Kotzbrocken, aber kein Pferdeschlitzer."

"Wer Katzen grillt …"

"Ach, nun hör doch endlich mal auf mit deinen gegrillten Katzen. So, what shall we do?" Hanna schaute fragend in die Runde.

"First we should **check out** the **scene of the crime**",

---

**said** hast gesagt
**have called** gerufen haben
**police** Polizei
**didn't you** nicht wahr
**So what?** Na und?
**find out** herausfinden
**case** Fall
**much** viel
**after all** schließlich
**check out** unter die Lupe nehmen
**scene of the crime** Tatort

schlug Cameron vor. "**Perhaps** we'll find **some footprints**..."

"I **doubt** it", widersprach Hanna. "It's been raining for days. Everything is **awfully** muddy."

"But we have to start **somewhere** and I think it's **best** to start where it **happened**."

"Okay." Hanna war einverstanden. "But we can't go by bike in this terrible weather."

"So let's walk", sagte Cameron. "It's not **far**, is it?"

"Not if we go across the fields."

"Hätte ich das geahnt", murrte Charly, als sie durch die aufgeweichten Felder stiefelten, "dann wäre ich auf meinem Pony geritten."

"Yes, it is **exhausting**", meinte Kylie. "This **mud** is awfully sticky."

"Genau. Als ob man durch klebrigen Teig latschen würde."

---

**perhaps** vielleicht
**some** einige
**footprints** Fußabdrücke
**doubt** bezweifle
**awfully** furchtbar
**somewhere** irgendwo
**best** am besten
**happened** geschehen ist
**far** weit
**exhausting** sehr anstrengend
**mud** Schlamm

"Nun hört schon auf zu jammern", schimpfte Hanna. "We've **almost made it**, **look**, the **road**'s **over there**. But I tell you what – I'm **definitely** going to talk to your parents and **persuade** them to give you **riding lessons** for Christmas."

"I **guess Santa Claus has** already **got** all our presents", erwiderte Cameron.

Alle waren froh, als sie endlich die geteerte Landstraße erreichten.

"Zurück gehe ich nicht wieder querfeldein", verkündete Charly.

"No, we'll take the road, won't we?", sagte Kylie.

"**Whatever. Come on.**" Hanna marschierte voraus und bog schließlich in einen Feldweg ein.

"Oh nein, nicht schon wieder durch den Matsch", stöhnte Charly.

---

**almost** fast
**have made it** haben es geschafft
**look** schaut
**road** Straße
**over there** da drüben
**definitely** ganz bestimmt
**persuade** überreden
**riding lessons** Reitstunden
**guess** vermute
**Santa Claus** Weihnachtsmann
**Whatever.** Egal.
**Come on.** Kommt schon.

"Hab dich nicht so. Ein bisschen Bewegung tut dir nur gut, sonst siehst du bald aus wie Frau Engel."

Charly wollte empört protestieren, doch ehe sie etwas sagen konnte, rutschte sie in einer Pfütze aus und schlug der Länge nach hin. "Aua!"

Die anderen lachten. "Bist doch weich gefallen", meinte Hanna. "Der Matsch federt prima ab."

Charly rappelte sich mühsam hoch. Beinah wäre sie noch mal ausgerutscht, aber Cameron hielt sie fest.

"**What's up?**", fragte er, als er sah, dass ihr Tränen in den Augen standen. "Did you hurt **yourself**?"

Charly nickte und streckte wortlos ihre rechte Hand aus, in der eine dicke Glasscherbe steckte.

"**Bloody hell.** Wait, I'll pull it **out**."

"No!" Sie zog hastig ihre Hand weg. "I ... **I'd rather** do it **myself**."

"**Go on**", drängte Cameron. "**The faster** you pull, **the less** it hurts."

Charly nickte, doch die anderen merkten, dass es sie einige Überwindung kostete. Vorsichtig tastete sie

---

**What's up?** Was ist los?
**yourself** dich
**Bloody hell.** Verdammte Scheiße.
**out** heraus
**I'd rather** ich möchte lieber
**myself** selbst
**Go on.** Mach schon.
**the faster ... the less** je schneller ... desto weniger

nach der Scherbe, kniff die Augen zu und zog sie mit einem Ruck heraus.

"**Well done**", lobte Cameron.

"But she'**s bleeding**", sagte Kylie.

"That's good, the **blood** will **clean** the **wound**." Hanna wickelte Charly ein Taschentuch um die Hand. "Geht's so?"

Ihre Schwester nickte.

"Come on. **These** are the Ostermanns' **paddocks** already. This is **probably** where it happened."

"How do you know that?", fragte Kylie.

"Well, this paddock is **quite** far **away** from the **stable** and the house", erwiderte Hanna. "So the ripper **could** be sure that **nobody would** see him here."

Es folgten noch zwei weitere Koppeln, anschließend ein befestigter Platz mit einer überdachten Futterrau-

---

**Well done.** Gut gemacht.
**is bleeding** blutet
**blood** Blut
**clean** reinigen
**wound** Wunde
**these** diese
**paddock** Koppel
**probably** wahrscheinlich
**quite** ziemlich
**away** entfernt
**stable** Pferdestall
**could** konnte
**nobody** niemand
**would** würde

fe, und erst dann erreichten sie den offenen Stall.
Neben der Sattelkammer parkte ein Auto.

"Oh, that's the **vet**, I know his car", sagte Hanna.
"Der kann sich deine Hand ansehen, Charly."

"Da ist ja Maren!" Charly vergaß ihre blutende Hand
und lief ihr entgegen. "Maren, wie geht's Apollo?"

"Der Tierarzt ist grade bei ihm." Maren lächelte den
beiden Australiern zu. "Hello, Cameron. Hi, Kylie.
Nice to see you again. I guess you'**ve** already **heard**
what's happened?"

Kylie nickte. "It's horrible. **How's** your horse?
Could the vet help him?"

"Yes, Apollo **will be all right**, **thank God**."

"Sag mal, ob der Tierarzt sich auch Charlys Hand
anschauen würde?", fragte Hanna. "Sie ist eben in
eine Glasscherbe gefallen und blutet wie verrückt."

"Echt? Warum sagst du das nicht gleich? Kommt!"
Maren eilte voraus zum Stall.

Der Tierarzt warf das durchweichte Taschentuch
weg und begutachtete Charlys Hand. "Das ist nicht
so schlimm, wie es aussieht. Gegen Tetanus bist du
ja sicher geimpft, oder? Ich mach dir etwas Des-
infektionsspray drauf und einen Verband, das ge-

---

**vet** Tierarzt
**have heard** habt gehört
**how's** wie geht es
**will be all right** wird sich erholen
**Thank God.** Gott sei Dank.

nügt fürs Erste. Aber geh auf alle Fälle noch mal zum Arzt."
Charly nickte. "Okay. Danke."
"Wie geht's Apollo?", fragte Hanna ungeduldig.
"Ihr braucht euch keine Sorgen um ihn zu machen. Es ist eine Schnittverletzung, nicht besonders tief. Aber an dem Turnier kann er nicht teilnehmen."
"Kann das ein Unfall gewesen sein, Herr Doktor? Oder war es ein Pferdeschlitzer?"
Der Tierarzt packte seine Sachen zusammen. "Wir wollen's nicht hoffen. Zuerst haben wir ja gedacht, er hätte sich an einem Zaun oder bei einer Beißerei verletzt, aber das ist ganz sicher nicht der Fall. Die Polizei wird hoffentlich herausfinden, was genau

passiert ist. Macht's gut, Kinder, und wenn was sein sollte, Maren, dann ruf mich gleich an."

"Klar." Maren streichelte Apollo zärtlich. "Schaut, er guckt noch völlig verschreckt."

"Was meinst du denn, Maren, war das ein Pferdeschlitzer?", fragte Hanna.

"Darüber will ich lieber gar nicht nachdenken. Wir hätten ja keine ruhige Minute mehr, wenn sich so ein Irrer hier rumtreiben würde. Ich hab jedenfalls beschlossen, dass ich von jetzt an im Stall schlafe."

"Gute Idee, das mach ich auch. Ist euch in der letzten Zeit hier vielleicht ein Fremder aufgefallen?"

"Ne, mir nicht. Meinst du denn, es war ein Fremder?" Maren schaute Hanna fast hoffnungsvoll an.

"Klar. Aus unserem Dorf war es bestimmt keiner. Solche Typen machen das nie in der Gegend, in der sie wohnen. Das wäre viel zu riskant."

"Man könnte glauben, du wärst Expertin für Pferdeschlitzer", sagte eine spöttische Stimme. Jasmin, Marens sechzehnjährige Schwester, kam in den Stall. "Ich glaube, ihr dramatisiert das alles viel zu sehr. Apollo hat sich verletzt ... "

"Nein, hat er nicht", erwiderte Maren, "das konnte der Doktor eindeutig feststellen."

"Ja, ja, und nachher kommt raus, dass er sich geirrt hat. Der Gaul kann sich genauso gut an einem Stück Blech oder einem Nagel aufgerissen haben. Pferde sind ja nun mal ziemlich blöd."

"Das glaubst aber auch nur du", sagte Maren. "Ich schlafe jedenfalls die nächste Zeit im Stall."

"Du spinnst ja! Selbst wenn es ein Pferdeschlitzer war, wird der sicher nicht noch mal zu uns kommen."

"Woher willst du das denn wissen? Wir sind ein Reiterhof, wir haben eigene Pferde, außerdem Pensionspferde ... also noch jede Menge Tiere, die so ein Verrückter abstechen kann."

"Du bist komplett hysterisch." Jasmin wandte sich schulterzuckend um und ging davon.

"Maren, **don't worry**", tröstete Cameron sie. "We'll find out who it was. Maybe we can even **catch** him **red-handed**."

"Yes, my Dad and his friends **are considering keeping watch** at night."

"Aber sag mal, was ist denn jetzt mit dem Turnier am zweiten Weihnachtstag?", fragte Hanna.

"Das kann ich wohl vergessen. Ohne Apollo hätte ich eh keine Chance."

Da war Hanna anderer Meinung. "Du könntest sogar mit einem Ackergaul gewinnen."

Maren schüttelte nur traurig den Kopf. "Lass gut sein. Im Moment ist mir auch viel wichtiger, dass Apollo wieder ganz gesund wird."

---

**Don't worry.** Mach dir keine Sorgen.
**catch red-handed** auf frischer Tat ertappen
**are considering** überlegen
**keeping watch** ob sie Wache halten sollen

# Schöne Bescherung

"Well, we don't know much more than we did **before**", meinte Cameron auf dem Heimweg verdrossen.

"Gar nichts haben wir rausgekriegt, bloß ich hab mir fast die Hand zerfetzt", schimpfte Charly.

"Zerfetzt", spottete Hanna. "Gib doch nicht so an. Blöd, dass es bald Zeit ist zum Mittagessen, sonst hätten wir gleich noch ins Dorf gehen können."

"You want to go to the village?", fragte Cameron. "Why?"

"I want to ask the **villagers** if **anyone has noticed** a **stranger acting suspiciously**."

"I couldn't go **right now**, anyway", sagte Kylie. "I'm tired and muddy; all I want is something nice to eat and a **rest**."

"Genau", stimmte Charly zu. "Und heute Nachmittag kann ich auch nicht, da hab ich was Besseres vor, als im Dorf die Leute auszuquetschen."

---

**before** vorher
**villagers** Dorfbewohner(innen)
**anyone** irgendjemand
**has noticed** bemerkt hat
**stranger** Fremde(r)
**acting suspiciously** der Verdacht erregt hat
**right now** jetzt sofort
**rest** Ruhepause

"Meinetwegen, dann gehen wir eben allein. He, wo willst du denn hin?"

Charly war von der Straße in einen schmalen Feldweg abgebogen. "Zu Luise."

"Jetzt? Mama wird schön schimpfen, wenn du nicht zum Mittagessen da bist."

"Mir egal. Luise soll sich mal meine Hand anschauen."

"Die hat der Doktor doch schon verarztet."

"Der Tierarzt. Ich bin aber kein Tier. Außerdem weiß Luise mehr als jeder Doktor. Ich brauch meine Hand nämlich heute Nachmittag, da will ich Plätzchen backen."

"Tell Luise that we're back and we'll **visit** her later", rief Cameron hinter Charly her.

Luise war die 'Dorfhexe', wie sie sich selbst mit einem kleinen Augenzwinkern nannte. Die Kinder mochten sie gern und wie eine Hexe sah sie überhaupt nicht aus. Sie war eine junge Frau, die allein mit ihren beiden Katzen in einem kleinen Häuschen außerhalb des Dorfs lebte und eine Menge über Kräuter und Naturheilkunde wusste.

Wenn man im Sommer von Mücken zerstochen worden war oder sich die Knie aufgeschrammt hatte, konnte niemand so rasch und so gut helfen wie Luise. Und ihre selbst gebrauten Säfte schmeckten besser als jede Limonade.

---

**visit** besuchen

Charly kam erst nach Hause, als das Mittagessen längst vorbei war.

"Na, hast du Hunger?", fragte Frau Hansen.

"Ne, hab schon bei Luise gegessen. Bohnensuppe mit vegetarischen Würstchen."

"Himmel, vegetarische Würstchen! Was es nicht alles gibt."

"Wo sind denn die anderen?", fragte Charly. "Und habt ihr Mausi gefüttert?"

"Die anderen sind im Dorf und natürlich habe ich Mausi gefüttert. Gib ihr bloß nichts mehr, sie wird sonst viel zu dick."

"Im Winter darf sie ruhig ein bisschen dicker sein." Zärtlich streichelte Charly die rote Perserkatze, die mit geschlossenen Augen wohlig schnurrte und nicht mal blinzelte, als es an der Tür klingelte.

Frau Hansen öffnete.

"Hello, Kylie! I thought you went to the village with Hanna and Cameron."

"No, **thanks**. I've walked **around** enough for one day. Anyway, I **knew** that you were going to make biscuits, so I **decided** to stay here."

"Ah, you want to help us? That's nice."

"How's your hand, Charly? Did Luise help?"

---

**thanks** danke
**around** herum
**knew** habe gewusst
**decided** habe beschlossen

"**You bet!**" Charly strahlte. "She **put some oint-ment on** it and it **stopped** hurting **at once**."

"Vielleicht sollten wir trotzdem noch zum Arzt gehen", meinte ihre Mutter. "Wenigstens nachsehen lassen, dass kein Glas mehr in der Wunde ist."

"Hat er schon. Der war nämlich gerade bei Luise und wollte irgendwelche Teemischungen kaufen. Bis morgen ist meine Hand bestimmt wieder in Ordnung. Luises Zaubermittel wirken immer ganz rasch."

"Na, warten wir's ab. Jedenfalls matschst du heute besser nicht im Teig rum."

"Hauptsache, ich kann die Schüsseln auslecken."

Begleitet von Charlys fachkundigen Kommentaren kneteten Frau Hansen und Kylie den Teig.

Nachdem er einige Zeit im Kühlschrank geruht hatte, begann der eigentliche Spaß. Der Teig wurde ausgewellt und dann wurden mit allen möglichen Formen die Plätzchen ausgestochen. Kylie bevorzugte Tannenbäume, Sterne und Engel, Charly hatte es mehr mit den Herzen und Katzen.

"Cats? What do cats have to do with Christmas?", fragte Kylie verwundert.

---

**You bet!** Und ob!
**some** etwas
**ointment** Salbe
**put on** hat draufgetan
**stopped** hat aufgehört
**at once** sofort

"Nothing. But I like them best."

Während die Plätzchen im Backofen waren, verrührten die beiden Mädchen Puderzucker mit Zitronensaft. Später pinselte Kylie die abgekühlten Plätzchen damit ein und Charly besprenkelte sie großzügig mit bunten Streuseln.

Ein wunderbarer Duft zog durchs ganze Haus, und als hätte er sie herbeigelockt, tauchten wenig später Hanna und Cameron auf.

Cameron schnupperte genüsslich. "Wow, that smells great!"

Hanna ließ sich auf einen Stuhl fallen und streifte ihre Gummistiefel ab. "Wo ist Mama?"

"Keine Ahnung", sagte Charly, "irgendwo draußen auf dem Hof. Aber stell trotzdem besser deine Dreckstiefel in den Flur, ehe du die ganze Küche versaust."

"Schon gut." Hanna stand seufzend auf. "Mann, war das eine Lauferei heute – und alles bloß, weil Cameron Angst vor Pferden hat."

"Angst? I'm not afraid!", protestierte Cameron. "But I**'ve never even sat** on one of **those** beasts before. So you can't expect me to ride into the village with you and back home again."

"Soll ich Kakao machen?" fragte Charly.

"Prima Idee!"

---

**never even** noch nicht mal
**have sat** habe gesessen
**those** diese

Zu heißem Kakao schmeckten auch die ersten Plätzchen, die etwas verunglückt und leicht angeschwärzt waren, was aber niemanden besonders störte. Es war mittlerweile dämmrig geworden, deshalb hatte Charly eine Kerze angezündet.

Kylie seufzte wohlig. "I love **candlelight**. It's so **romantic**."

"**True**, but I would enjoy it much more if I could **get** this horse ripper **out of my mind**", erwiderte Hanna. "I only **hope** my parents **won't mind** me sleeping in the stable **from now on**."

"Das willst du doch nicht im Ernst?", fragte Charly.

"Aber sicher!"

"Habt ihr denn im Dorf was rausgekriegt?"

Cameron schüttelte den Kopf. "Nothing **at all**. We asked **thousands** of people – that is, Hanna asked and I listened … but nobody **had seen** or heard **anything**."

"War aber trotzdem gut, dass Cameron dabei war",

---

**candlelight** Kerzenlicht
**romantic** romantisch
**True.** Stimmt.
**get out of my mind** vergessen
**hope** hoffe
**won't mind** haben nichts dagegen
**from now on** ab jetzt
**at all** überhaupt
**thousands** tausende
**had seen** hat gesehen
**anything** irgendwas

sagte Hanna. "Alle waren sie neugierig auf unsere Australier, und da sind wir leicht ins Gespräch gekommen. Wir haben jeden angequatscht, den wir getroffen haben, beim Bäcker, im Laden …"

"We were even going to drink a lemonade in the pub", warf Cameron ein, "but it was closed."

"They've probably got another **company Christmas party**", meinte Charly. "Mr Engel loves to **organize** them."

"Klar, das bringt ordentlich Geld", sagte Hanna. "Aber wie wir gehört haben, ist er krank."

"Hat wohl sein eigenes Ekelzeug gefressen."

"What are you talking about now?", fragte Cameron, dessen Deutschkenntnisse ihn bei diesem Thema verließen.

"About … Gänseleberpastete, Hummer and Froschschenkel. Don't ask me what these are in English."

Hanna und Charly versuchten so gut wie möglich zu beschreiben, welche Gerichte sie meinten. Cameron platzte fast vor Lachen, als Hanna ziemlich gekonnt einen verängstigten Frosch spielte, dem Charly ein Bein auszureißen versuchte.

"Ah, **I see**", sagte er schließlich und Kylie schüttelte sich. "Yuck! Frogs' legs!"

---

**company Christmas party** Betriebsweihnachtsfeier
**organize** organisieren
**I see.** Verstehe.

"Und Fohlenschnitzel", warf Hanna ein.
"He's horrible", sagte Charly. "**No one** in the village wants to **work** for him. And his wife is a **greedy** cow."
Hanna grinste. "**At least** they're being **punished**. Last night all the **loos** in the pub were **blocked**."
"Really? And what happened?", fragte Kylie.

---

**no one** niemand
**work** arbeiten
**greedy** gierig
**at least** zumindest
**punished** bestraft
**loos** Klos
**blocked** verstopft

"Well, **that** Christmas party was not a great **success** for Mr Engel. First the **guests complained**, and he **tried** to solve the problem, but he couldn't. **In the end** not a single toilet **was working properly**, and they all **overflowed** ..."

"Igitt!" Charly verzog angeekelt das Gesicht. "Muss ja eine schöne Sauerei gewesen sein."

"Garantiert. Die Feier war jedenfalls ziemlich schnell zu Ende und die Leute waren ordentlich sauer. Jetzt wollen sie nicht nur ihr Geld zurück, sondern auch noch Schadenersatz."

"Geschieht ihm recht", sagte Charly zufrieden. "Aber hör mal ... bei diesen ganzen Weihnachtsfeiern sind doch auch ständig Fremde hier im Dorf ... ?"

Hanna schaute sie verdutzt an. "Stimmt! Und darunter könnte leicht so ein Irrer gewesen sein, der sich gedacht hat, die Gelegenheit nutz ich und schlitz mal schnell ein Pferd auf. Morgen bin ich weit weg und niemand wird mich verdächtigen."

Hastig übersetzte sie für Cameron und Kylie, was

---

**that** diese
**success** Erfolg
**guests** Gäste
**complained** haben sich beschwert
**tried** hat versucht
**in the end** schließlich
**was working** funktionierte
**properly** richtig
**overflowed** sind übergelaufen

Charly gesagt hatte, und Cameron nickte. "It's **possible**. What I don't understand is why the Ostermanns' horses aren't in a stable. If they were, nobody would have had a chance to hurt Apollo."

"That's true", erwiderte Hanna. "**Most of** the farmers keep their horses inside in the winter. But **would you like** to **spend the whole** winter in your room? It's much better for horses to live in a ... äh ... I don't know the English word for it. We call it *Offenstall*. It's a stable **without** doors so that the horses can stay inside or walk around in the paddocks **whenever** they want."

"Ah, I know", sagte Kylie. "It's called an 'open stable'. But why's it better?"

Hanna erklärte, dass Pferde in der Natur schließlich auch nicht in dunklen Höhlen wohnten, sondern Sonne, Licht, Luft, Wind und Wetter brauchten − und vor allem viel Bewegung.

"**Wild horses** run around for **up to** sixteen hours a

---

**possible** möglich
**most of** die meisten
**would you like** möchtest du
**spend** verbringen
**the whole** der ganze
**without** ohne
**whenever** wann immer
**wild horse** Wildpferd
**up to** bis zu

day. **Even if** you ride your horse once a day, that's **hardly** enough. Most of the time they **stand** in a small **box**, which is really boring for them. After all, they're clever animals; they like to be with **other** horses. In an open stable they're not only **healthier**, they're happier too. I wish we could keep our **ponies** in an open stable, but Dad says we don't have enough **space**."

"I think we should **do** some **research** on the Internet", schlug Cameron vor. "We have to find out **as much as** we can to **increase** our chances of catching this horse ripper."

"**You're right**", sagte Hanna. "Let's go upstairs and look on my computer."

"Ich bleib lieber hier und esse noch ein paar Plätzchen", meinte Charly, und Kylie war nur zu gern bereit, ihr Gesellschaft zu leisten. Am Computer zu

---

**even if** selbst wenn
**hardly** kaum
**stand** stehen
**box** *hier:* Pferdebox
**other** andere
**healthier** gesünder
**ponies** Ponys
**space** Platz
**do research** recherchieren
**as much as** so viel
**increase** erhöhen
**You're right.** Du hast recht.

sitzen und Webseiten abzusurfen, erschien ihr nicht besonders spannend.

Hanna und Cameron waren schon an der Tür, als es am Fenster klopfte.

"Hey, kids!", rief Lily. "I **was about to report** you **missing**! You**'ve been gone** all day. Did you forget that **Auntie** Gusti invited us for dinner tonight?"

"Oh **hell**", seufzte Cameron.

"**Never mind**", sagte Hanna. "We can do our research tomorrow morning."

"Okay. If I **survive** this evening, that is. Tante Gusti is really nice but she expects you to **sit still** all the time and listen to her boring stories about people I don't even know."

Hanna grinste. Sie wusste, dass die Burrells hier viele Verwandte hatten, da Lilys Mutter aus Deutschland stammte. Und Verwandtenbesuche waren immer so eine Sache. "It's Christmas time, so you'd better be a good boy or Santa Claus **might** forget

---

**was about to** wollte gerade
**report** melden
**missing** (als) vermisst
**have been gone** seid weg gewesen
**Auntie** Tante
**Oh hell!** So'n Mist!
**Never mind.** Macht nichts.
**survive** überlebe
**sit still** stillzusitzen
**might** könnte

you. Wait, I'll come with you. I have to feed our ponies."

In der Tür stießen sie mit Hannas und Charlys Vater zusammen. "Mmmmh, hier riecht's aber gut."

"Yes, we've been baking biscuits. Good night, Mr. Hansen."

"Na, die hatten's aber eilig. Hab ich sie verscheucht?" fragte Herr Hansen, als die Tür hinter den dreien zugefallen war.

"Ne", sagte Charly, "aber Kylie und Cameron müssen noch zu einem Tantenbesuch. Und Hanna ist in den Stall."

"Aha. Und wo sind jetzt die Plätzchen?"

"Die darfst du zum Nachtisch probieren, sonst verdirbst du dir den Appetit. Es gibt gleich Abendbrot."

"Aber ich hab Hunger wie ein Wolf. Her mit den Plätzchen, sonst beiß ich eine Ecke aus der Tischplatte raus."

"Wohl bekomm's!" Frau Hansen kam in die Küche und rieb sich die Hände. "Puh, es ist auf einmal richtig kalt geworden draußen. Und die Plätzchen gibt's erst an Weihnachten, mein Lieber."

"Gönnst du einem hungrigen Bauer nicht mal eine kleine Kostprobe?"

"Dir gönne ich fast alles." Sie öffnete die Keksdose. "Aber nur eins."

"Hab ich übrigens schon gesagt, dass ich heute Nacht im Stall schlafe?", fragte Hanna so beiläufig wie möglich, als alle beim Abendbrot saßen.

"Nein, das hast du nicht. Und das wirst du auch nicht", erwiderte ihre Mutter energisch.

"Und ob! Glaubt ihr, ich leg mich seelenruhig ins Bett, solange hier ein Pferdeschlitzer rumläuft?"

"Du willst doch wohl nicht schon wieder Detektiv spielen?"

"Jemand muss sich um diese Gemeinheit kümmern!"

"Das macht die Polizei schon", erwiderte Herr Hansen. "Und du kannst sicher sein, dass Jens Ostermann keine Ruhe gibt, bis man den Täter geschnappt hat."

"Alles schön und gut. Aber bis dahin muss jemand bei den Pferden Wache halten, und das mache ich."

"Das machst du nicht, es ist viel zu kalt."

"Im Stall ist es warm. Ich würde sonst sowieso nicht ins Bett gehen, sondern die ganze Nacht aufbleiben und am Fenster hocken."

Ihre Eltern warfen sich einen Blick zu und der Vater nickte. "Also gut. Meinetwegen schlaf im Stall. Aber beschwer dich nachher nicht, wenn du über Weihnachten mit einer Grippe flach liegst."

"Danke, Papa! Und ich werd bestimmt nicht krank, dafür ist es im Stall viel zu gemütlich."

"Gemütlicher als im Bett garantiert nicht", sagte Charly. "Überhaupt ist es völlig unnötig, Wache zu halten – wir haben doch Mausi."

"Das Katzenvieh?", spottete Hanna. "Das taugt höchstens dazu, abwechselnd im Bett und auf der Heizung zu pennen."
"Mausi ist besser als jeder Wachhund. Die würde mich sofort wecken, wenn sich hier nachts jemand rumschleicht."
"Dass ich nicht lache!"
"Doch, doch." Der Vater schob der roten Perserkatze, die neben ihm auf der Bank hockte, ein Häppchen Käse zu und kraulte ihr die Ohren. "Unsere königliche Hoheit ist schon sehr tüchtig. Keiner kann so gut schlafen wie sie."
"Und so gerissen betteln", ergänzte seine Frau.
Mausi blinzelte nur hoheitsvoll und schaute leise schnurrend Herrn Hansen an, der ihr folgsam ein weiteres Stückchen Käse abschnitt.
"Na, was sag ich? Sie hat euch alle bestens dressiert."

# Motiv gesucht

"Wach auf!"

"Ist was passiert?" Charly fuhr erschrocken hoch.

Hanna zog den Vorhang zurück. "Schau mal aus dem Fenster."

Charly schlug die Decke zurück und sprang aus dem Bett. "Schnee! Klasse. Aber deshalb hättest du mich nicht mitten in der Nacht zu wecken brauchen."

"Mitten in der Nacht? Es ist fast neun! Und außerdem kommen gleich Cameron und Kylie."

"Dann mach schon mal Frühstück und für uns alle heißen Kakao." Charly gähnte herzhaft.

"Bin ich deine Sklavin?", fragte Hanna empört. "Mach dir deinen Kakao gefälligst selbst, wir haben längst gefrühstückt."

Charly rollte sich gemütlich zusammen und freute sich über den Schnee. Erst als sie unten die Stimmen von Cameron und Kylie hörte, stand sie auf. Mausi lief ungeduldig voraus, da sie wusste, dass es jeden Morgen ein Löffelchen Sahne für sie gab.

"Have you seen?", rief Kylie aufgeregt, als Charly in die Küche kam. "It's **snowed**!"

"Yes, and everything looks so **different**", meinte Cameron. "Quite strange."

---

**has snowed** hat geschneit
**different** anders

Charly lachte. "I bet it's quite strange for you. You've **never** seen snow before, have you?"

"No, never", sagte Kylie. "In Sydney it's quite mild even in winter."

"In Australien ist ja alles verkehrt rum", sagte Charly.

"Verkehrt rum? What does that mean?"

"**The other way round** – it's summer now, **isn't it**? I can hardly **imagine** it being hot in winter and cold in summer."

"Well, from December till February it's summer", erwiderte Kylie. "Autumn is from March till May, winter from June till August, and spring from September till November. That's how it is in Australia."

"Not everywhere, though. Australia isn't a **country** – it's a **continent**", erklärte Cameron stolz. "In the **northern part** there's only the wet season and the dry season. In summer it's very hot and rains all the time, and in winter it's warm and dry."

"But here it snows in winter", unterbrach ihn seine Schwester. "And I'd really like to make a snowman."

---

**never** nie
**the other way round** andersrum
**isn't it** nicht wahr
**imagine** mir vorstellen
**country** Land
**continent** Kontinent
**northern** nördlich
**part** Teil

"We don't have time to make snowmen", erklärte Hanna. "We've got a lot of **work** to do."
"Ihr wollt euch doch sowieso bloß an den blöden Computer setzen, und das könnt ihr auch ohne uns. Kylie und ich wollen heute Luise besuchen."
"Yes", nickte Kylie. "We really should say hello."
"Na gut. Dann könnt ihr sie gleich mal fragen, ob sie in der letzten Zeit irgendjemanden gesehen hat, der hier um die Höfe geschlichen ist."

Charly und Kylie kehrten erst kurz vor Mittag zurück. "Habt ihr heute noch was vor?", fragte Charly Hanna und Cameron, die immer noch am Computer saßen. "Luise hat uns alle eingeladen, falls wir Zeit haben."
"Ich weiß nicht, ob wir Zeit haben", sagte Hanna mürrisch. "Aber vielleicht wär's ganz gut, mal mit ihr zu reden. Wir haben nämlich was rausgefunden."
"About the horse ripper?", fragte Kylie.
"Yes." Cameron nickte. "**Whoever** attacked Apollo definitely wasn't a ripper."
"How do you know?", fragte Kylie.
"We'**ve read** thousands of pages on the Internet."

---

**work** Arbeit
**whoever** wer auch immer
**(have) read** (haben) gelesen

Hanna übertrieb mal wieder maßlos. "Now I know everything there is to know about those **sick idiots**."

"What did you find out?"

"All the cases have something **in common**. Real horse rippers are awfully **brutal**. The horses are usually **badly mutilated** or **killed**."

"So there **must** be **some** other **reason**", meinte Kylie.

"Und wisst ihr was?", sagte Charly. "Darüber bin ich richtig froh, denn das heißt, dass wir keine Angst zu haben brauchen, dass unseren Ponys auch was passiert."

"Hoffentlich." Hanna seufzte. "Dann brauch ich eigentlich auch nicht mehr im Stall zu schlafen. Aber wer war es dann? Und warum?"

"We'll find out." Cameron schaute auf die Uhr. "It's almost dinner time, though. We have to go **home**, **otherwise** we'll **get into trouble**."

---

**sick** krank
**idiots** Idioten
**in common** gemeinsam
**brutal** brutal
**badly** übel
**mutilated** verstümmelt
**killed** getötet
**must** muss
**some** irgendein
**reason** Grund
**home** nach Hause
**otherwise** sonst
**get into trouble** Ärger kriegen

"Let's talk to Luise this afternoon", schlug Hanna vor. "Perhaps she'll have some good ideas."

"Das ist aber schön!", strahlte Luise, als sie zu viert bei ihr aufkreuzten. "Welcome back to Germany, Cameron. Your sister's already told me that you're staying till January **this time**. I hope you're enjoying your holidays?"
"Oh yes. We're **especially** looking forward to New Year's Eve and the fireworks", erwiderte Cameron. "It'll be the first **time** we'll **be allowed** to **let off** one of our own."
"What?", rief Hanna. "You've never let off fireworks on New Year's Eve?"
Kylie schüttelte den Kopf. "No, it's **forbidden** in Australia. It's summer there then, **remember**? Everything's terribly dry. Sometimes it's almost forty **degrees** – imagine what might happen if all the people let off their own fireworks everywhere."
"I see." Hanna nickte.

---

**this time** diesmal
**especially** besonders
**time** Mal
**be allowed** dürfen
**let off** abbrennen
**forbidden** verboten
**remember** erinnert ihr euch
**degrees** Grad

"But there are fireworks on the beaches, and there's a big **display** at Sydney **Harbour**, where the dead rockets can all fall into the water."

"Well, this time you can **chase away** the **evil spirits yourselves**", meinte Luise.

"What evil spirits?", fragte Kylie.

Luise erklärte, dass dies der tiefere Sinn hinter Feuerwerk und Böllerknallen war. Früher hatten die Menschen geglaubt, sie müssten die bösen Geister des alten Jahres vertreiben, damit sie ein gutes neues Jahr hätten.

"Na kommt, setzt euch. Ich habe Holundersaft heiß gemacht, der ist bei der Kälte genau das Richtige."

Als alle um den großen Küchentisch saßen und jeder einen Becher honigsüßen Saft vor sich hatte, erzählte Hanna von ihrer Befürchtung, dass sich nun auch hier in der Gegend ein Pferdeschlitzer herumtreibe.

"Aber zum Glück sieht es so aus, als würde jemand anderes dahinter stecken", meinte sie zum Schluss.

"Ich hab natürlich gehört, was mit Apollo passiert ist", sagte Luise, "und wie ich euch kenne, habt ihr bestimmt schon was rausgefunden, nicht wahr?"

---

**display** *hier:* öffentliches Feuerwerk
**harbour** Hafen
**chase away** verjagen
**evil** böse
**spirits** Geister
**yourselves** selbst

Cameron nickte. "Sure! **Obviously** it wasn't a horse ripper after all, so it must have been someone with a **specific motive**."

"Someone who doesn't like horses", meinte Charly.

"No, that's not a motive for something like this", widersprach Hanna. "Maren's sister doesn't like horses; she's only **interested in fashion** and **stuff** like that. But she would never attack a horse with a knife."

"Ich glaube, das würde kein normaler Mensch", behauptete Luise. "Ein anderes Lebewesen zu verletzen – das ist für mich unvorstellbar."

"Ja, aber das hilft uns jetzt nicht weiter", unterbrach Hanna sie rasch, ehe Luise wieder einen ihrer endlosen Vorträge halten konnte. "Die Frage ist: Wer hätte denn ein Motiv?"

"Die erste Frage ist: Um wen ging es überhaupt? Um das Pferd oder um Maren?", wandte Luise ein. "Vielleicht wollte sich jemand aus irgendeinem Grund an Maren rächen. Jeder weiß doch, wie sehr sie ihren Apollo liebt."

"Nein, Luise, das kann ich mir nicht denken", sagte Hanna. "Dann schon eher, dass es wirklich

---

**obviously** offensichtlich
**specific** bestimmt
**motive** Motiv
**is interested in** interessiert sich für
**fashion** Mode
**stuff** Zeug

um das Pferd ging – und da wüsste ich sogar jemanden."

"Echt? Sag schon!", drängte Charly.

"Moment, ich will rasch übersetzen. Or did you understand so far?", fragte Hanna Cameron und Kylie.

"Most of it", erwiderte Cameron. "We understand quite a lot; it's just talking that's difficult."

Hanna fasste auf Englisch kurz zusammen, was Luise gesagt hatte. "And I know someone who has a motive for hurting Apollo."

"Nun sag endlich, wen du meinst!", rief Charly ungeduldig.

"Tina Jensen."

"Quatsch! Die ist doch genauso pferdeverrückt wie Maren."

"Und auch fürs Weihnachtsturnier gemeldet."

"Ah ... you think she wanted to **put** a **competitor out of action**?", fragte Cameron.

"Well, it's possible, isn't it?"

"Ne, das glaub ich nicht", erklärte Charly. "Tina würde nie einem Pferd was antun."

"Ich kann mir das ja eigentlich auch nicht vorstellen. Aber es gibt einen großen Unterschied zwischen den beiden: Maren reitet, weil es ihr Spaß macht und weil sie Pferde liebt. Dass sie Riesentalent hat und

---

**competitor** Konkurrent(in)
**put out of action** außer Gefecht setzen

mit Apollo ein Superpferd, ist ihr gar nicht so wichtig. Bei Tina ist das anders. Die ist irre ehrgeizig."
"What's ehrgeizig?", fragte Kylie nach.
"Ambitious. She**'s desperate to** win show jumping
competitions, to be **successful** and famous. Her father is a **well-known horse breeder**. He sells their
horses all the time and makes money with them.
**That's what Tina's used to.** I doubt that she really
loves them. And she's not **half** as good a **rider** as
Maren."
"And you think the show jumping is so **important**
to her that she wants **to stop Maren taking part**?",
fragte Cameron.
Hanna zuckte die Schultern. "I don't like the idea at
all, but it could be a motive, couldn't it?"
"Kinder, seid vorsichtig mit irgendwelchen Verdäch-
tigungen", mahnte Luise. "Jemandem so was ohne
Beweise vorzuwerfen, das ist keine Kleinigkeit."
"Auf ein Pferd einzustechen ist auch keine Kleinigkeit", erwiderte Hanna grimmig. "Und die Bewei-

---

**is desperate to** will unbedingt
**successful** erfolgreich
**well-known** bekannt
**horse breeder** Pferdezüchter(in)
**That's what Tina's used to.** Daran ist Tina gewöhnt.
**half** halb
**rider** Reiter(in)
**important** wichtig
**to stop Maren taking part** verhindern, dass Maren mitmacht

se müssen wir eben suchen. Am besten fangen wir gleich damit an."

"Was hast du vor?", fragte Charly.

"Wir sollten zu Jensens Hof rübergehen."

"Jetzt? Es ist doch schon fast dunkel." Tatsächlich hatte draußen bereits die Dämmerung eingesetzt, obwohl es erst vier Uhr nachmittags war.

"Na und? Es ist doch schön, in der Dämmerung durch den Schnee spazieren zu gehen."

"Noch viel schöner ist es, daheim mit Mausi auf dem Schoß in der warmen Küche zu sitzen und Weihnachtsplätzchen zu naschen."

"Ja, wenn die zwei hier reiten könnten, wäre das kein Problem – dann könnten wir rasch mal rüber zu Tina und anschließend trotzdem noch gemütlich in unserer Küche hocken."

"Are you talking about us?", fragte Cameron mit Unschuldsmiene.

"We are – and you know it", erwiderte Hanna. "That's why I'm going to make sure that you have riding lessons as soon as possible!"

"What's that **bright light** over there?", fragte Kylie, als sie fast bei Jensens Gestüt angekommen waren. "Is this a **sports field**?"

---

**bright** hell
**light** Licht
**sports field** Sportplatz

"No." Charly schüttelte den Kopf. "This is Jensen's …
Reitanlage. I don't know the English word. You'll
**soon** see."
Zum Gestüt Jensen gehörten eine eigene Reithalle,
ein Springplatz mit Hindernisparcours und ein Dres-
surplatz. Obwohl alles von Scheinwerfern taghell
beleuchtet wurde, war kein Mensch zu sehen.
Aber in der Halle brannte ebenfalls Licht. Hanna
schob das Tor auf.
Ein Mädchen setzte auf einem braunen Pferd gekonnt über die Hürden.
"Ist sie nicht klasse?"
Erst jetzt bemerkten sie den Mann, der an der Wand
lehnte und ihnen zulächelte. Sein blondes Haar war
zu einer so kurzen Igelfrisur geschnitten, dass Kylie
sich fragte, ob er mit diesen Stoppeln nicht am Kopf
frieren musste.
"Guten Abend, Herr Jensen", grüßte Hanna. "Wir
haben die Flutbeleuchtung gesehen und wollten gern
ein bisschen zuschauen."
"Da kommt ihr leider zu spät. Tina macht jetzt
Schluss. Ich will nicht, dass sie's übertreibt. Obwohl
sie ja wirklich reiten kann wie der Teufel." Man sah
ihm an, wie stolz er auf seine Tochter war.
Hanna nickte nur höflich. "Das sind übrigens Kylie
und Cameron aus Australien."

---

**soon** bald

"Ah!" Herr Jensen musterte die beiden neugierig. "Hab schon im Sommer von euch gehört. Nice to **meet** you. But I suppose you aren't very interested in horses. Australians prefer to ride kangaroos, don't they?" Er lachte über seinen eigenen Witz.

"Very funny." Cameron grinste gezwungen. "Our jackaroos would definitely like that idea."

"Jackaroos? What are they?", fragte Herr Jensen.

"Die australischen Cowboys", erklärte Hanna.

"Ach, wirklich? Ich dachte, Cowboys gäbe es nur in Amerika. There's a great **market** there, you know. Americans are **crazy about well-trained show jumpers** from **Europe**; they'll pay almost any **price** for them."

"Unfortunately we're not Americans", erwiderte Kylie. "We prefer to go **on foot** … or **saddle** the **nearest** kangaroo."

"Was? Seit wann reitet man denn auf Kängurus?" Tina sprang aus dem Sattel und gab die Zügel einem

---

**meet** kennenlernen
**market** Markt
**crazy about** verrückt nach
**well-trained** gut ausgebildet
**show jumpers** Springpferde
**Europe** Europa
**price** Preis
**on foot** zu Fuß
**saddle** satteln
**nearest** nächste

Pferdepfleger, der herbeigelaufen kam und das Tier wegführte. Sie selbst kümmerte sich nicht weiter darum und tätschelte es nicht mal zum Abschied.

"Überhaupt nicht", sagte Hanna. "War bloß Spaß."

Sie stellte ihr Kylie und Cameron vor und Tina nickte ihnen kurz zu.

"Schade, dass du schon aufhörst, wir hätten dir gern ein bisschen zugeschaut."

"Schon? Ich bin völlig kaputt. Aber jetzt so kurz vor dem Turnier ist jede Trainingsstunde wichtig."

"Na, um das Turnier musst du dir doch keine Sorgen mehr machen", sagte Charly. "Maren fällt ja wohl aus und damit bist du ganz ohne Konkurrenz."

"Wirklich schlimm, die Sache mit Apollo", brummte Herr Jensen. "Wir haben schon überlegt, ob hier möglicherweise so ein Irrer rumstreift ... "

"Wir auch", sagte Hanna.

"Jedenfalls schläft vorläufig immer einer der Pferdepfleger im Stall. Aber genauso ärgerlich ist, dass Tina das Turnier jetzt sogar mit einem lahmen Ackergaul gewinnen würde. So ein Sieg ist doch nichts wert."

"Wieso?", meinte Tina. "Sieg ist Sieg! Und ein hübscher Pokal macht sich immer gut. Ich hab schon mal Platz in meinem Regal freigeräumt."

Hanna gab darauf keine Antwort und dachte sich ihr Teil. "Sagt mal, ist euch vielleicht irgendein Fremder aufgefallen, der hier in den letzten Tagen die Höfe ausspioniert hat?", fragte sie schließlich.

Herr Jensen kratzte sich am Kopf. "Nein. Das heißt, zu mir kommen dauernd fremde Leute, aber die wollen Pferde kaufen, nicht abstechen. Und gestern war ich gar nicht daheim. Wir hatten Mitgliederversammlung im Reitsportverein von Malente."

"Hast du jemanden gesehen, Tina?"

Tina überlegte und schüttelte dann den Kopf. "Ne. Ich hab trainiert, auch abends noch mal, später war ich mit meiner Freundin Sabine auf Jörns Geburtstagsfeier und hab bei ihr im Dorf übernachtet."

"Ich will lieber gar nicht wissen, wann ihr heimgekommen seid", brummte ihr Vater. "Wahrscheinlich viel zu spät. Dabei hab ich dir schon oft genug gesagt: Wer Erfolg haben will, muss früh ins Bett."

"Ach, Paps, ein bisschen Spaß muss aber auch sein. So, und jetzt muss ich dringend unter die Dusche."


"Well, it **seems** it can't have been Tina", meinte Kylie auf dem Heimweg, nachdem Hanna noch mal auf Englisch erklärt hatte, was Tina und ihr Vater gesagt hatten.

Cameron war skeptisch. "I don't think she has a **watertight** alibi. And **besides** – it **could have been** her father."

---

**seems** scheint
**watertight** wasserdicht
**besides** außerdem
**could have been** hätte sein können

"Ihr Vater?", rief Charly. "Jetzt spinnst du aber echt!"

"**Not at all!** He's obviously **tremendously proud** of his daughter, and a **victory** in a show jumping competition is a lot more **valuable** for his **reputation** as a horse-breeder than another **cup** is for Tina."

"That's true", sagte Hanna. "A successful show jumper is **worth** a lot of money. So now we have to **check** two alibis: a) Did Tina really spend the night at Sabine's? And b) Where was Mr Jensen?"

"Das überprüft mal allein", sagte Charly. "Ihr vergesst wohl ganz, dass bald Weihnachten ist? Ich hab jedenfalls was Besseres zu tun. Außerdem glaube ich nicht, dass es Tina war oder ihr Vater."

"Ja, ich weiß." Hanna seufzte. "Es war natürlich dein Liebling, der Wirt, der gegrillte Katzen serviert."

"Wer Hummer lebendig in kochendes Wasser schmeißt und Fröschen die Beine ausreißt, der grillt auch Katzen!"

---

**Not at all!** Ganz und gar nicht!
**tremendously** ungeheuer
**proud** stolz
**victory** Sieg
**valuable** wertvoll
**reputation** Ruf
**cup** Pokal
**worth** wert
**check** kontrollieren

# Wie kocht man einen Karpfen?

"Good morning, kids." Frau Hansen lächelte den vier Kindern zu, die schon am frühen Morgen bei heißem Kakao am Küchentisch saßen. "All **early risers**, it seems? Sogar du bist ja schon auf, Charly."

"Bloß weil Hanna mich aus dem Bett geschmissen hat."

"Wir haben keine Zeit, den Tag zu verpennen", erklärte ihre Schwester. "Es gibt noch jede Menge zu tun."

"Stimmt genau. Wer hilft mir freiwillig?"

"Wobei?", fragte Hanna misstrauisch.

"Oh, das Haus muss zum Beispiel geputzt werden, eure Zimmer sind noch nicht aufgeräumt, ich hab bergeweise Bügelwäsche, im Stall muss ..."

"Machen wir alles, aber zuerst müssen wir rausfinden, wer Apollo verletzt hat."

"Ach ja. Ich hatte ganz vergessen, dass die Polizei das ohne eure Hilfe natürlich nicht kann."

"Kann sie auch nicht", behauptete Hanna. "Und so kurz vor Weihnachten tun die sowieso nichts mehr. Wir wollten mal rasch ins Dorf, aber wenn wir dir was helfen sollen ..."

"Geht nur. Ihr wärt mit euren Gedanken ja doch ganz woanders."

---

**early risers** Frühaufsteher(innen)

"Klasse, Mama. Und heute Nachmittag helfen wir dir ganz bestimmt."

Es war klirrend kalt geworden und der Schnee knirschte unter ihren Schritten, als sie auf dem Weg ins Dorf waren.

"I would really like to see **whether** the lake is already **frozen**", sagte Kylie.

"I don't think it will be", meinte Hanna. "It only **got** really cold yesterday."

"Has the **boathouse** been **rebuilt**?", fragte Cameron.

Der Familie Hansen gehörte ein Grundstück an einem Waldsee, auf dem ein Bootshaus stand – oder vielmehr bis letzten Sommer gestanden hatte, ehe es abgebrannt war.

Hanna schüttelte den Kopf. "**Not yet.** Maybe we'll do it next spring."

"If it stays this cold I'll definitely **be able to** go skating after Christmas", meinte Kylie hoffnungsvoll.

Cameron grinste. "Who says you'll get skates?"

---

**whether** ob
**frozen** gefroren
**got** ist geworden
**boathouse** Bootshaus
**rebuilt** wieder aufgebaut
**Not yet.** Noch nicht.
**be able to** können

"I do. I asked for them, after all."

"You obviously **still** believe in Santa Claus."

"Of course. That's why I always get what I want."

"Is that the trick?", rief Hanna. "In that case I'm going to **try** to believe in Santa Claus again, too. I never get what I want."

Charly lachte hämisch. "Das würdest du nicht mal vom Weihnachtsmann persönlich kriegen. Wer sich ein Springpferd wünscht, eine eigene Reitanlage, Trainerstunden, ein Pferdeinternat, und dass Papa von Landwirtschaft auf Pferdezucht umsteigt ... "

"Wenn Mama und Papa wollten, könnten wir auch ein Gestüt haben und nicht nur einen alten Bauernhof, der sowieso kaum was abwirft. Oder wenigstens einen Reiterhof. Stattdessen haben wir bloß unsere beiden armseligen Ponys."

"Mein Pony ist nicht armselig!", protestierte Charly.

"Deins vielleicht, weil du es dauernd durch die Pampa hetzt. Meins hat es gut."

"Und ist genauso pummelig wie seine Besitzerin."

Charly streckte ihr nur die Zunge raus.

"Here we are." Hanna blieb vor einem Haus aus rotem Backstein stehen.

"What shall we say?", fragte Cameron. "We can hardly ring the bell and ask if Tina really stayed the

---

**still** immer noch
**try** versuchen

night with Sabine and **what time** it was when they **came** home."

"**Leave** it to me", erwiderte Hanna und drückte entschlossen auf den Klingelknopf. "I'm going to ask Mrs Reubel for her famous **carp recipe**."

"Was?", rief Charly. "Mama will doch wohl an Weihnachten keinen Karpfen machen?"

"Quatsch, aber so kriegt man sie bestimmt zum Reden. Sie ist doch so mordsmäßig stolz auf dieses uralte Familienrezept."

Frau Reubel begrüßte die Kinder und war natürlich besonders neugierig auf Kylie und Cameron. Doch kaum hatte Hanna das Wort 'Karpfenrezept' ausgesprochen, war alles andere vergessen.

"Das freut mich, dass deine Mutter es nun doch mal probieren will. Ich hab's ihr schon oft angeboten, aber sie meinte immer, ihr wärt für Karpfen nicht so zu haben. Ich verspreche euch, ihr werdet begeistert sein. Warte, ich schreib es dir gleich ab."

Das tat sie dann mit derart vielen Erläuterungen, dass Charly ungeduldig die Augen verdrehte. Wenn das so weiterging, würden sie noch in drei Stunden in dieser Küche sitzen.

---

**what time** wie viel Uhr
**came** gekommen sind
**leave** überlasst
**carp** Karpfen
**recipe** Rezept

"Sicher, es macht etwas Arbeit und kostet einiges an Vorbereitung", meinte Frau Reubel, "aber es lohnt sich wirklich."

"Jetzt um diese Zeit ist ja sowieso viel zu tun", griff Hanna das Stichwort auf. "Zum Glück hat keiner bei uns so kurz vor Weihnachten Geburtstag wie der arme Jörn. Ich hab gehört, Sabine war auch auf seiner Party?"

Frau Reubel nickte. "Jörn hatte alle seine Freunde eingeladen. Deshalb dachte ich zuerst auch, ich hätte mich geirrt, als ich ihn dann spät abends auf der Landstraße sah."

Die Kinder horchten auf.

"Wo?", fragte Hanna.

"Kurz vor der Abzweigung zu Ostermanns. Maren Ostermann ist ja seine Freundin, und wie ich gehört habe, konnte sie nicht zu seiner Party kommen. Wahrscheinlich wollte er ihr Gute Nacht sagen."

"Wann war denn das?", fragte Charly.

Frau Reubel überlegte. "Ich war in Sieversdorf bei meiner Mutter und ... ja, es muss so gegen zehn Uhr gewesen sein, als ich zurückgefahren bin. Kurz vor elf kamen dann Sabine und Tina von der Party. Ich hab mich etwas gewundert, weil ich so früh gar nicht mit ihnen gerechnet hatte. Wir haben es uns dann aber hier noch ein bisschen gemütlich gemacht und Tina hat bei uns übernachtet." Sie stand vom Tisch auf und hielt Hanna den beschriebenen Zettel hin.

"So, fertig. Hier ist das Rezept. Und falls deine Mutter noch Fragen hat, kann sich mich gern anrufen."
Hanna nickte. "Vielen Dank! Dann wollen wir Sie jetzt nicht länger aufhalten."

"Boy, I can hardly believe it." Hanna erklärte Kylie und Cameron, was Frau Reubel erzählte hatte, denn die hatten von ihrem Redeschwall nur die Hälfte verstanden.
"Near Ostermann's paddocks?" Cameron stieß einen leisen Pfiff aus. "That's really suspicious. We have to find out **exactly** what time Apollo was attacked."

---

**exactly** genau

"We should ask the vet", meinte Hanna.
"I doubt he'll tell us", wandte Cameron ein.
"You're probably right. Maren should know. Let's go and ask her."
"Die können wir auch anrufen", seufzte Charly. "Da müssen wir doch jetzt nicht auch noch hinrennen."
"Stell dich nicht so an, du Faultier!"
"Ewig diese Hetzerei. Und was sagen wir übrigens, wenn Frau Reubel wegen des Karpfenrezepts mit Mama redet und die weiß von nichts?"
"Dass wir es ihr zu Weihnachten schenken wollen."

Maren war allein bei Apollo im Stall.
"Hello, Maren. How's your horse?", fragte Kylie.
"Better. His wound's **healing** very well."
"Tell me, when did you notice that he was hurt?", erkundigte sich Cameron.
"Quite soon **after** he was attacked."
"Oh, so it happened in the morning?"
"No, no — late at night. I've **been practising** so much **the last few days** that I just needed a break, to go out and have some fun. Of course I **blame myself** now that I stayed away for so long."

---

**is healing** heilt
**after** *hier:* nachdem
**have been practising** habe trainiert
**the last few days** in den letzten Tagen
**blame myself** mache mir Vorwürfe

"Wann bist du denn heimgekommen?", fragte Charly.

"Kurz nach elf. Ich war mit meiner Freundin in der Stadt auf dem Weihnachtsmarkt und anschließend sind wir noch ins Kino. Dort haben wir Gero aus dem Nachbardorf getroffen, mit dem sind wir zurückgefahren. Und als ich Apollo Gute Nacht sagen wollte, merkte ich, was los war."

"Es kann also nicht schon am frühen Abend passiert sein?", fragte Hanna.

Maren schüttelte den Kopf. "Um halb acht war Jörn hier und wollte mich zu seiner Geburtstagsparty abholen. Ich … na ja, ich hatte darauf absolut keinen Bock und hab gesagt, ich sei total kaputt und wolle früh ins Bett. Nachdem er weg war, hab ich noch kurz nach den Pferden geschaut, dann bin ich unter die Dusche und mit meiner Freundin in die Stadt."

"Wenn der arme Jörn das gewusst hätte." Hanna grinste. "Ich wette, er hätte glatt seine eigene Geburtstagsfeier sausen lassen und wäre lieber mit euch gekommen."

Maren verdrehte die Augen. "Sei bloß still. Er ist ja ein netter Kerl, aber ich mach mir nun mal nichts aus ihm. Und ich glaube, er hat's jetzt auch kapiert."

"So it must have happened between half past seven and eleven o'clock", kam Cameron wieder aufs Thema zurück.

"Probably just before eleven. That's what the vet said."

"Mensch", sagte Charly, "dann überleg doch mal, ob dir nichts aufgefallen ist, was du gar nicht beachtet hast – ein Schatten vielleicht, Schritte … am Ende war der Täter sogar hier in der Nähe? Der hätte glatt auch auf dich mit dem Messer losgehen können."
Maren schüttelte sich. "Bei der Vorstellung krieg ich richtig Gänsehaut."
"Warst du denn ganz allein?"
"Ja, Gero hat mich hier abgesetzt und dann meine Freundin heimgefahren. Aber ich bin natürlich sofort ins Haus, um den Tierarzt anzurufen – und in dem Moment kamen Papa und Herr Jensen von ihrer Mitgliederversammlung aus Malente zurück."
"Ach, die waren zusammen dort?"
"Klar. Es wäre doch schwachsinnig gewesen, mit zwei Autos hinzufahren. Herr Jensen hatte Papa mitgenommen, und ich war heilfroh, dass sie gerade in dem Moment heimkamen."
"Kann ich mir denken." Hanna streichelte Apollo. "Mach's gut, Alter. Wir müssen weiter, es ist gleich Zeit zum Mittagessen."

"So it can't have been Mr Jensen", meinte Kylie auf dem Heimweg.
"Which means it must have been **either** Jörn or Jasmin", schlussfolgerte Cameron.

---

**either** entweder

Hanna grinste. "**Talk of the devil** … Look who's coming."

Auf dem verschneiten Weg, der aus dem Dorf führte, kam ihnen Jasmin entgegen.

"Hallo, Jasmin", rief Charly. "Warst du einkaufen?"

"Ne, tanzen", erwiderte Jasmin mürrisch und wechselte ihre schwere Tasche in die andere Hand. "Sieht man ja wohl, oder?"

"Sag mal, wo warst du eigentlich an dem Abend, als das mit Apollo passiert ist?", fragte Hanna geradeheraus.

"Spielt ihr mal wieder Detektiv?" Jasmin lachte spöttisch. "Baut lieber einen Schneemann, da ist das Erfolgserlebnis größer."

"Mann, bist du biestig. Ich wollte nur wissen, ob du zu Hause warst und irgendwas gesehen oder gehört hast."

"Das geht dich nun wirklich nichts an." Damit ließ Jasmin sie stehen und ging weiter.

"Wow, she was **grumpy**", sagte Cameron. "Almost as if she had something to hide – or a bad **conscience**."

---

**Talk of the devil.** Wenn man vom Teufel spricht.
**grumpy** grantig
**conscience** Gewissen

# Wirtsgezeter

"Nimm doch nicht so viel Spülmittel, die Teller sind ja ganz glitschig", schimpfte Charly.

"Wenn's dir nicht passt, kannst du den Abwasch gern allein machen", erwiderte Hanna. "Ich find's sowieso gemein von Mama und Papa, dass wir hier schuften müssen und sie sich in der Stadt amüsieren."

"Weil du nicht rechnen kannst. Überleg mal: Sie machen Einkäufe. Sie wollen uns nicht dabeihaben. Das heißt: Sie wollen Weihnachtsgeschenke kaufen, von denen wir nichts wissen sollen."

"Aber deswegen müssen wir uns doch noch lange nicht hier in der Küche abrackern", maulte Hanna. "Außerdem muss ich dringend Tom anrufen."

"Warum?"

"Weil er auf Jörns Geburtstagsparty war und uns bestimmt sagen kann, ob Jörn wirklich verschwunden ist, und wenn ja, wann."

"Meinetwegen, dann ruf ihn halt an."

"Mach ich sofort." Hanna warf die Bürste zielgenau ins Spülwasser und lief zum Telefon.

Tom wohnte auf einem Nachbarhof und war ihr bester Freund, obwohl er schon sechzehn war.

"Mist, er ist gar nicht da", schimpfte sie, als sie kurz darauf wieder zurück in die Küche kam. "Und weißt du, was seine Mutter gesagt hat? Er sei in der Stadt, um ein Weihnachtsgeschenk für seine Freundin zu

kaufen. Ich wusste nicht mal, dass er überhaupt eine Freundin hat!"
Charly lachte. "Gönnst du ihm keine? Bist wohl selbst in ihn verliebt?"
"Quatsch! Aber ich weiß doch sonst alles über ihn. Bist du fertig mit Abtrocknen? Wir müssen unbedingt noch mal zu Ostermanns, um rauszufinden, wann Jasmin heimgekommen ist. Sie und Jörn sind eindeutig die Hauptverdächtigen."
Sie klopften bei ihren australischen Nachbarn, die gerade dabei waren, das Wohnzimmer zu streichen.
"This has to be done before Christmas", erklärte

Ross. "Last summer we only **managed** to **renovate** the kitchen."

"Do you still need us, Dad?", fragte Cameron.

"I think I'll **get along** okay without you." Ross wischte sich einen weißen Farbklecks von der Nase und schmierte sich dabei einen viel größeren auf die Stirn. Charly musste lachen.

"Great. Let's **get out of** this mess", sagte Cameron.

Als sie zu Ostermanns kamen, sahen sie, dass Maren auf dem Sprungplatz mit einem Rappen ihre Kreise drehte.

"Habt ihr ein neues Pferd?", rief Charly.

"Sieht ganz so aus." Herr Ostermann kam gerade aus der Scheune. "Ist schon ein feiner Kerl, der Herr Jensen. Ihr wart heute Morgen kaum weg, da tuckert einer von Jensens Pferdepflegern auf den Hof und sagt, sein Chef lässt schön grüßen, wenn Maren nicht mitreitet, sei das ganze Turnier nichts wert. Deshalb schickt er ihr ein Pferd, mit dem sie trainieren und am Turnier teilnehmen kann."

"Stark", sagte Charly.

Herr Ostermann nickte. "Ja. Der Schwarze war sowieso für das Springen gemeldet und sollte eigentlich

---

**managed** haben es geschafft
**renovate** renovieren
**get along** klarkommen
**get out of** weggehen aus

von einem jungen Mädchen geritten werden, nur um ihn einmal auszuprobieren. Aber Jensen fand, eine Reiterin wie Maren könnte viel besser zeigen, was in dem Pferd steckt."

"Ist das nicht toll?" Maren lenkte den Rappen zu ihnen herüber und strahlte übers ganze Gesicht. "Ich kann's gar nicht fassen. Das ist Jimmy. Habt ihr gesehen? Wir kommen wunderbar miteinander zurecht."

"Mr Jensen is obviously a real **sportsman**", sagte Cameron. "I like that. He's **lent** you a horse so that you can take part in the competition **instead of** just being happy that his daughter will probably win."

"But that wouldn't be any fun, would it? A victory doesn't **count** for much if you only win because no one **else** who **took part** was any good."

"Aber wie stehen denn jetzt die Chancen für dich, Maren?", fragte Hanna. "Mit einem fremden Pferd ist das doch sicher nicht so einfach."

"Wir haben ja noch ein bisschen Zeit, uns aneinander zu gewöhnen. Und ich glaube, er mag mich."

"Und ich glaube, da kommt jemand, der dich überhaupt nicht mag", sagte ihr Vater und seufzte.

---

**sportsman** Sportler
**has lent** hat geliehen
**instead of** anstatt
**count** zählen
**else** sonst
**took part** mitgemacht hat

Aus einem dicken Mercedes stieg schnaufend ein
ebenso dicker Mann, schlug mit Wucht die Tür zu
und stapfte keuchend auf sie zu.

"That's Mr Engel", flüsterte Charly.

"The landlord of the pub?", fragte Cameron und
Charly nickte.

"Gut, dass Sie auch da sind, Ostermann", rief der
Wirt schon von Weitem. "Da kann ich mir einen
Weg sparen."

"Wollten Sie zu mir?"

"Auch. Aber erst mal hab ich ein Wörtchen mit Ihrem Fräulein Tochter zu reden!"

"Mit mir?" Maren sprang aus dem Sattel.

"Jawohl. Und du kannst von Glück sagen, dass ich
krank bin, sonst würde ich nämlich anders mit dir
verfahren, aber ganz anders! Eigentlich sollte ich
noch im Bett liegen und mich schonen, nur ..."

"Worum geht's denn, Herr Engel?", mischte sich
Marens Vater ein.

"Worum es geht? Ihre Tochter hat mich fast
umgebracht − darum geht's! Seit ich den Gasthof übernommen habe und aus dieser Dorfkneipe
was machen will, damit auch dieses Kaff ein bisschen vom Tourismus profitiert, hetzt sie gegen
mich."

"Ich?", fragte Maren scheinbar verdutzt.

"Jawohl, du! Und stell dich jetzt bloß nicht blöd! Ich
weiß genau Bescheid."

"Nun kommen Sie mal zur Sache, Herr Engel – was soll denn meine Tochter angestellt haben?"

"Na, wer hat mir denn schon ein paar Mal den Tierschutzverein ins Haus geschickt?"

"Ich", sagte Maren selbstbewusst. "Weil es eine Schande ist, wie Sie Ihren Hund behandeln. Der Arme liegt an einer viel zu kurzen Kette, hat keinen Auslauf, niemand kümmert sich um ihn, in seiner Hütte ist viel zu wenig Stroh, er friert ..."

"Du warst in meiner Hundehütte?" Herr Engel wurde dunkelrot im Gesicht. "In meiner Hundehütte? Das ... das ist Hausfriedensbruch, mindestens!"

"Nun übertreiben Sie mal nicht. Oder wohnen Sie vielleicht auch in der Hundehütte?", wandte Marens Vater ein.

"Tierquälerei ist viel schlimmer als Hausfriedensbruch", sagte Maren.

"Wenn ich dich noch ein Mal erwische, dass du auf mein Grundstück kommst ...", drohte der Wirt. "Mein Haus ist ein Gastronomiebetrieb und ich kann es mir nicht leisten, dass mir jemand die Gäste vergrault."

"Ich hab Ihnen keine Gäste vergrault."

"Ach nein? Wer hat denn neulich, als ich die Weihnachtsfeier für eine der größten Firmen hier im Landkreis ausgerichtet habe, vor meiner Einfahrt gestanden und Flugblätter verteilt? Flugblätter, auf denen ich aufs Übelste beschimpft worden bin!"

"Ich", sagte Maren trotzig.

"Eben! Und wer hat mir im Herbst eine ganze Jagd-
gesellschaft vertrieben? Den lieben langen Tag haben
die Leute im Wald gehockt und drauf gewartet, irgendein Vieh vor die Flinte zu kriegen, aber nicht
mal ein Hase ließ sich blicken, geschweige denn ein
Reh oder ein Hirsch."

"So was kommt vor", meinte Herr Ostermann. "Jä-
gerglück und Jägerpech halten sich nun mal die
Waage."

"Von wegen! Ich weiß ganz genau, wer dahinter
steckt. Ihre Tochter hat dafür gesorgt, dass alle Tiere
einen weiten Bogen um sämtliche Hochsitze machten. Und was sie sich zuletzt geleistet hat, das schlägt
nun wirklich dem Fass den Boden aus!" Mit hochro-
tem Kopf funkelte er Maren an. "Hast du eine Ahnung, was mich das gekostet hat?"

"Was denn?"

"Tu nicht so scheinheilig! Sämtliche Klos waren verstopft, jede einzelne Toilette im ganzen Gasthaus.
Das war wirklich eine unglaubliche Sauerei!"

"Herr Engel, meine Tochter verstopft keine Klos."

Herr Engel lachte schrill. "Ach ja? Da kenne ich sie
besser! Ich hatte vor vier Tagen wieder eine Be-
triebsfeier, Herr Ostermann, Weihnachten, Sie verstehen? Die Firma hatte die ganze Palette gebucht –
erstklassiges Essen, erstklassige Getränke, erstklassige
Stimmung ... und dann konnte keiner aufs Klo."

Charly hielt sich verstohlen die Hand vor den Mund, um nicht laut loszulachen.

"Bei dem Essen ist es doch kein Wunder, wenn die Leute Verstopfung kriegen", sagte Hanna vorlaut. Jetzt war es endgültig um Charlys Beherrschung geschehen. Sie prustete los und selbst Herr Ostermann musste grinsen.

Der Wirt explodierte regelrecht. "Ich serviere bloß das Feinste vom Feinsten! Nur so hab ich eine Chance, mir als Gastronom einen Namen zu machen."

"Ja, mit Fohlenschnitzel und Stopfleber aus Tierquälerhaltung", warf Maren ein. "Und genau deshalb hab ich Ihre Klos verstopft, ich geb's zu!"

Herr Ostermann warf ihr einen scharfen Blick zu, aber er schwieg. Charly fand es fabelhaft von ihm, dass er seiner Tochter nicht in den Rücken fiel.

"Na bitte! Hab ich's doch gewusst." Herr Engel schnappte nach Luft wie ein Karpfen auf dem Trockenen. "Aber ich will mich nicht aufregen, ich darf mich nicht aufregen! Hab mich genug aufgeregt. Flachgelegen hab ich, drei Tage lang, durch deine Schuld, mein Fräulein. Aber nun weiß ich wenigstens, an wen ich die Rechnung schicken muss."

"Herr Engel, das erledige ich alles", sagte Herr Ostermann. "Und nun lassen Sie's mal gut sein."

"Das könnte Ihnen so passen! Mit Ihrem Geld können Sie vielleicht den Schaden bezahlen und meinen Verdienstausfall, aber wer zahlt mir was dafür, dass

ich umgekippt bin? Jawohl, umgekippt bin ich, weil ich so außer mir war! Meine Frau musste den Arzt rufen, der hat mich ins Bett gesteckt und mir eine Beruhigungsspritze verpasst. Sonst hätte mich wahrscheinlich der Schlag getroffen!"

"Tut mir leid, dass Sie sich deswegen so aufgeregt haben", entschuldigte sich Maren.

"Na, wunderbar!", kreischte Herr Engel. "Es tut ihr leid! Wahrscheinlich tut's dir besonders leid, dass ich nicht abgekratzt bin, was? Hast du eigentlich eine Ahnung, wie du damit meinem Ansehen geschadet hast?"

"If he **carries on yelling** like this he's going to **explode**", flüsterte Cameron.

Wütend drehte sich Herr Engel um. "Was habt ihr hinter meinem Rücken zu tuscheln?", fauchte er, sodass Kylie und Charly erschrocken einen Schritt zurückwichen. "Es macht euch wohl Spaß, mich auszulachen, ja? Wartet nur, ich sorg dafür, dass euch das Lachen vergeht!"

"Nun ist es aber gut, Herr Engel", sagte Marens Vater. "Schicken Sie mir die Rechnung, ich zahle den Schaden."

"Das ist ja wohl das Mindeste! Trotzdem, so einfach ist die Sache nicht aus der Welt. Aber ich darf mich nicht aufregen, hat der Arzt gesagt, ich muss mich

---

**carries on yelling** weiterbrüllt
**explode** explodieren

schonen. Sonst wäre ich ganz anders mit dir verfahren, Mädchen. Übers Knie gelegt hätte ich dich, übers Knie!"

Damit drehte er sich um und stapfte schnaufend zu seinem Auto.

"My God", seufzte Kylie. "What a horrible man."

"And what a **spectacular scene**." Hanna grinste.

"Ich finde das überhaupt nicht witzig", sagte Marens Schwester Jasmin, die durch das Geschrei des Wirts herbeigelockt worden war. "Im Gegenteil."

"Klar, du bist ja immer gegen mich!", entgegnete Maren.

"Wenn du die Klos im Gasthof verstopft hast, dann war das wirklich eine Sauerei. Tierschutz hin oder her, aber so was geht einfach zu weit."

"Spiel dich doch nicht so auf! Bloß weil du zwei Jahre älter bist, musst du mich nicht wie ein dummes Kind behandeln."

"Nun streitet euch nicht", mischte sich Herr Ostermann ein. "Die Sache mit Engel kläre ich schon. Jetzt ist erst mal wichtig, dass Maren ordentlich weitertrainiert."

"Typisch", rief Jasmin. "Das ist wirklich mal wieder ganz typisch. Deine geliebte Maren kann tun und lassen, was sie will. Nur mir verbietest du alles – bloß

---

**spectacular** sensationell
**scene** Szene

weil ich mir nichts aus diesen verdammten Gäulen mache."

Mit Tränen in den Augen wandte Jasmin sich um und lief hinüber zum Wohnhaus.

Herr Ostermann seufzte. "Zwei Schwestern ... das ist manchmal nicht einfach. Ihr kennt das sicher auch, oder, Hanna?"

"Und ob."

"Wieso? Wir vertragen uns doch immer gut", behauptete Charly.

"Na ja, sagen wir mal – meistens." Hanna grinste.

Herr Ostermann lachte. "Das ist wohl in allen Familien ähnlich. Maren, willst du noch eine Runde auf dem Schwarzen reiten?"

"Unbedingt! Soll ich auch schon ein paar Sprünge probieren?"

"Später in der Halle. Gewöhnt euch erst mal richtig aneinander. Und über die Sache mit den verstopften Klos reden wir beide noch, klar?"

"Okay, Paps!" Maren saß auf und alle beobachteten sie gespannt. Sie schien nicht die geringsten Probleme zu haben und hatte den Schwarzen sicher im Griff.

"Das Mädchen reitet einfach toll", sagte Herr Ostermann mit väterlichem Stolz. "Aber dass Jensen ihr ein Pferd aus seinem eigenen Stall zur Verfügung stellt – das kann ich ihm gar nicht hoch genug anrechnen."

"Stimmt", sagte Hanna. "Das nenne ich wirklich fair."

"Dabei waren wir gestern noch zusammen in Malente bei einer Verbandssitzung. Da hat er kein Wort davon gesagt, sondern schickt heute einfach das Pferd rüber. Ich muss ihn gleich noch anrufen und mich bedanken. Macht's gut, Kinder."

"Wir müssen auch nach Hause", sagte Charly nach einem Blick auf ihre Armbanduhr.

"We still haven't found out what time Jasmin came home", wandte Cameron ein. "Now's the best time to ask Maren."

Hanna nickte. "You're right." Sie winkte Maren zu und rief: "Können wir dich noch rasch was fragen?"

"Klar." Maren lenkte das Pferd zu ihnen herüber.

"**Do you happen to know** where Jasmin was the night Apollo was attacked?", fragte Cameron. "Maybe she heard or **saw** something important."

"Jasmin?" Maren lachte spöttisch. "Definitely not. **She doesn't give a damn about our horses** or the farm. Now less than ever."

"Why's that?"

"Well, she wants to **leave** school and go to Ham-

---

**do you happen to know** weißt du zufällig
**saw** hat gesehen
**She doesn't give a damn about our horses.** Unsere Pferde sind ihr völlig egal.
**leave** verlassen

burg to **study fashion design**, but of course Dad won't **let** her. They had a big **argument a few days ago**. Since then she's **been in a filthy mood**. And on the evening Apollo was attacked she was at Jörn's birthday party, so I'm sure she didn't notice anything."

"Und wann ist sie heimgekommen?", fragte Charly.

Maren zuckte die Schultern. "Keine Ahnung." Sie tätschelte Jimmy, der kaum mehr zu halten war und unwillig die Mähne schüttelte, den Hals. "Aber als der Tierarzt Apollo behandelt hat, hab ich sie gesehen, da war sie also schon zu Hause. Fragt sie doch einfach selbst. Ich muss noch ein paar Runden drehen – Jimmy wird schon ganz ungeduldig."

"Ja, der hat Temperament", sagte Hanna. "Okay, dann viel Spaß, wir müssen weiter."

"Aber wie's aussieht, kriegst du Besuch, Maren", sagte Charly und grinste.

"Jörn! Der hat mir jetzt grade noch gefehlt." Maren ritt los und tat, als habe sie ihn gar nicht gesehen.

"We should ask him what he was doing near the Ostermanns' paddocks that night", flüsterte Cameron.

---

**study** studieren
**fashion design** Modedesign
**let** erlauben
**argument** Streit
**a few days ago** vor ein paar Tagen
**has been in a filthy mood** hat total miese Laune

"Better not", sagte Kylie. "He wouldn't tell us anyway. And we can't **prove** anything. But look – he**'s limping**."

"Tag, Jörn. Wie geht's deinem Kater?", rief Charly ihm schon von Weitem zu.

"Gut", erwiderte er knapp, als er bei ihnen angelangt war.

"Warst du Skilaufen?", wollte Hanna wissen.

"Nein, wieso?"

"Na, weil du humpelst, als hättest du ein Gipsbein."

"Hab mir bloß den Fuß verknackst. Hallo, Maren!"

"Hi, Jörn." Maren ritt seelenruhig weiter.

"Ich … ich wollte fragen … hast du Lust, mit mir in die Stadt zu fahren und ein bisschen über den Weihnachtsmarkt zu bummeln?"

"Keine Zeit."

"Ach, komm! Nach der ganzen Aufregung, die du hattest, ist ein bisschen Spaß genau das Richtige."

"Ich hab jede Menge Spaß", rief Maren, "und leider wirklich gar keine Zeit. Ich muss trainieren."

"Los jetzt", drängte Charly, "wir gehen. Ich hab keine Lust, mir heute noch einen Streit anzuhören."

---

**prove** beweisen
**is limping** humpelt

# Falsche Fährte

"Habt ihr eigentlich völlig vergessen, dass morgen Heiligabend ist?", fragte Frau Hansen am nächsten Vormittag. "Ich könnte ein bisschen Hilfe gebrauchen – und ich wette, ihr habt auch noch einiges zu tun. Oder habt ihr etwa schon alle Geschenke besorgt und eingepackt?"

"Ich schon", verkündete Charly stolz. "Aber ich packe alles erst an Heiligabend ein, das bringt mich dann so richtig schön in Weihnachtsstimmung."

"Ich bin überhaupt noch nicht in Weihnachtsstimmung", erklärte Hanna. "Erst muss ich rausfinden, wer Apollo angestochen hat."

Sie hatten gestern Abend zu viert noch lange miteinander beratschlagt, wie man Jörn überführen könnte. Oder Jasmin. Aber niemand hatte eine wirklich gute Idee gehabt.

"Kind, überlass das doch der Polizei", seufzte Frau Hansen. "Wie willst ausgerechnet du das herausfinden?"

"Eher als die Polizei. Und bestimmt viel schneller."

"Na, wenn du meinst. Aber in spätestens zwei Stunden brauche ich eine Kartoffelschälerin und eine Möhrenputzerin. Es gibt Eintopf mit Mettwurst."

"Hm, lecker!" Charly strahlte. "Dafür schnipple ich gern die Möhren."

Hanna schwieg. Ihrer Ansicht nach verfütterte man

Möhren am besten an Pferde, weil sie für Menschen
völlig ungenießbar waren. Leider sah ihre Mutter das
anders.

"Da ihr ja offenbar gar keine Zeit habt, muss ich
dieses Jahr wohl allein gehen", meinte Herr Hansen.

"Wohin?", erkundigte sich Hanna misstrauisch.

"Na, was machen wir denn jedes Jahr am Tag vor
Heiligabend?"

Die beiden Mädchen jubelten.

"Gehen wir jetzt gleich?", fragte Charly.

Herr Hansen schmunzelte. "Meinetwegen. Lauft mal
schnell rüber und fragt die Nachbarn, ob sie mit-
kommen wollen."

Jedes Jahr ging Herr Hansen am Tag vor Heiligabend
in den Wald und schlug dort den Weihnachtsbaum.
Und seit sie laufen konnten, gingen Hanna und
Charly mit, um den schönsten auszusuchen.

Kylie und Cameron konnten es kaum glauben. "Our
own Christmas tree? We can **choose** it?"

"But isn't it forbidden just to go into the forest and
**cut down** a tree?", meinte Ross verwundert.

Hanna lachte. "Not if the trees **belong to** you. And
there are millions of trees round our lake."

"Na ja, Millionen nun nicht grade", sagte Herr Han-

---

**choose** auswählen
**cut down** fällen
**belong to** gehören

sen. "Aber auf dem Grundstück, das uns am See gehört, können wir beruhigt zwei Bäume schlagen."

Kylie und Cameron fanden es ungeheuer aufregend und brauchten eine Ewigkeit, bis sie sich für einen Baum entscheiden konnten. Hanna und Charly erging es nicht anders.

Während Hanna am liebsten eine drei Meter hohe Tanne gehabt hätte, mochte Charly die kleinen dicken am liebsten.

"Die sehen so puschelig aus."

"Mickrig", erwiderte Hanna. "Ein Weihnachtsbaum muss was hermachen."

"Ja, aber so einen Riesenopa, wie du ihn haben willst, kriegen wir im Wohnzimmer niemals unter. Den könnten wir höchstens in die Scheune stellen."

"Weihnachten in der Scheune, das wär doch wenigstens mal was anderes."

Aber schließlich einigten sie sich doch auf ein mittelgroßes Exemplar. Auch Kylie und Cameron hatten sich inzwischen entschieden, und die beiden Männer begannen die Bäume zu fällen.

"I almost **feel a bit sorry for** the **pretty** trees", meinte Kylie bedauernd.

---

**a bit** ein bisschen
**feel sorry for** habe Mitleid mit
**pretty** hübsch

"Me too", stimmte Charly zu. "But you can't have Christmas without a tree."
"In **every** forest you have to cut down trees now and then", erklärte Hanna. "Otherwise the others wouldn't have enough space and light to **grow** and **eventually** they'd all **die**."
Zufrieden machten sie sich auf den Heimweg.
"Hallo, ihr!" Aus einem anderen Waldweg tauchten unvermittelt Tom Kesting und sein Vater auf, die ebenfalls einen Baum geschultert hatten.

---

**every** jeder
**grow** wachsen
**eventually** letzten Endes
**die** sterben

Tom freute sich, Kylie und Cameron wiederzusehen. "Are you enjoying having your summer holidays in winter?"

"We're glad that it's winter", erwiderte Kylie. "I only wish there were more snow, and that it was colder. I'm going to get ice skates for Christmas, you know."

"Great." Tom lächelte. "For me it's quite cold enough. I wish I could **celebrate** Christmas on some nice beach in Australia."

Cameron grinste. "I bet you'd soon complain about the **heat**. But you're right – **down under** we often celebrate Christmas on the beach. And Santa Claus arrives on a **surfboard** wearing nothing but his swimming trunks."

Hanna winkte ungeduldig ab. "You can talk later about the **different** ways of celebrating Christmas. Hör mal, Tom, du warst doch sicher auch auf Jörns Geburtstag. Ist der irgendwann mal weggegangen?"

"Warum fragst du das?"

"Na ja, wir versuchen rauszufinden, wer Apollo ver- letzt hat."

"Ach, und ihr meint, es war Jörn?"

"Oder Marens Schwester", warf Charly ein.

---

**celebrate** feiern
**heat** Hitze
**down under** in Australien
**surfboard** Surfbrett
**different** unterschiedlich

"Jasmin? Ihr seid ja wohl komplett verrückt geworden."

"Müsst ihr so trödeln?", rief Herr Hansen. "Ich will heute noch nach Hause kommen. Ein bisschen Beeilung, bitte."

Daheim stellten die Männer die frisch geschlagenen Tannenbäume in die Scheune, wo sie bis morgen abtauen konnten. Herr Kesting lehnte seinen Baum an einen Zaun, um ihn später mitzunehmen.

"But aren't they going to **shed** their **needles** if they don't have any water?", frage Kylie erstaunt.

Hanna lachte. "No, they're still frozen. They'll be **fresh as a daisy** tomorrow."

"So, und jetzt haben wir uns erst mal einen schönen heißen Grog verdient", meinte Herr Hansen zu seinen beiden Nachbarn.

"Genau, und du darfst unsere Plätzchen probieren, Tom", sagte Hanna.

Die Kinder verzogen sich in Hannas Zimmer.

"Mann, hier ist ja mal richtig aufgeräumt", staunte Tom.

"Mama hat mich gezwungen."

Tom lachte. "Tröste dich, ich musste auch mein

---

**shed** abwerfen
**needles** Nadeln
**fresh as a daisy** taufrisch

Zimmer aufräumen, das hat fast zwei Tage gedauert, dabei war überhaupt keine Unordnung."

"Das hat deine Mutter wahrscheinlich anders gesehen."

Charly brachte heißen Kakao mit einer dicken Sahnehaube aus der Küche.

"Also, dann erzählt mal, was ihr bisher rausgekriegt habt", sagte Tom.

Hanna, Charly, Kylie und Cameron berichteten abwechselnd, Tom hörte schweigend zu und nickte schließlich bedächtig. "Hm, das läuft ja offenbar wirklich auf Jörn hinaus."

"It could have been Jasmin, too", wandte Kylie ein. "What reason would Jörn have had? After all, he's Maren's **boyfriend**."

"That's what he'd like to be", widersprach Tom. "But he's not. And that evening he *did* have a reason."

"Ach ja?", sagte Hanna. "Los, erzähl schon und lass dir nicht alles aus der Nase ziehen."

"Fest steht jedenfalls, dass Jörn total in Maren verknallt ist und dauernd angegeben hat, dass sie mit ihm geht. Aber sie will gar nichts von ihm wissen."

"Und woher weißt du das?"

"Na, an dem Abend, an dem Apollo verletzt wurde, hat Jörn Geburtstag gefeiert. Alle seine Freunde wa-

---

**boyfriend** Freund

ren bei der Party – nur Maren kam nicht. Dafür aber ihre Schwester, und dass die in Jörn verliebt ist, sieht sogar ein Blinder."

"Das ist ja der Hammer!", meinte Hanna.

"Wart's ab, es kommt noch besser. Ich hab noch nie eine so blöde Geburtstagsparty erlebt, das könnt ihr mir glauben. Jörn hockte die ganze Zeit in einer Ecke, und als sich Jasmin zu ihm setzte, hat er sie furchtbar angefaucht. Irgendwann ist er dann weg."

"So he really did leave his own birthday party?", fragte Cameron.

"Yes, he did", bestätigte Tom. "And then Jasmin **had a good cry** on my shoulder. She told me that Jörn **came round** to **pick up** her sister and that Maren … how do you say it? Ihr ist der Kragen geplatzt."

"What does that mean?", fragte Kylie.

"Well, she told him that he should stop telling **lies**, that she wouldn't ever be his **girlfriend** and that he should **leave** her **alone**."

"Wow!" Cameron stieß einen leisen Pfiff aus. "That sounds like a real motive."

---

**had a good cry** hat sich ausgeheult
**came round** vorbeigekommen ist
**pick up** abholen
**lies** Lügen
**girlfriend** Freundin
**leave alone** in Ruhe lassen

"But Jasmin had one too", meinte Kylie, "if she's **in love with** Jörn and **jealous of** her sister."

"Yes, it really wasn't a good day for Jasmin", sagte Tom. "She **realized** that Jörn didn't notice her at all, and before that she'd had a terrible argument with her father."

"Davon haben wir schon gehört", erwiderte Hanna, "dass sie die Schule hinschmeißen und nach Hamburg auf irgendeine Modeakademie gehen will."

"Stimmt. Ihr könnt euch vorstellen, dass ihr Vater davon nicht gerade begeistert war und es ihr verboten hat", meinte Tom. "Jasmin hat ihm vorgeworfen, für ihn zähle nur Maren und sie sei schon immer benachteiligt worden, nur weil sie sich nicht für Pferde interessiert."

"Und da ist sie womöglich ausgerastet", warf Charly ein. "Wann ist sie denn nach Hause gegangen, weißt du das zufällig?"

Tom nickte. "Ich weiß sogar noch mehr. Jasmin kann's nicht gewesen sein."

"Wieso?"

"Als Jörn nicht mehr wiederkam, hat sich die Party nach und nach aufgelöst. Und ich hab Jasmin heimgebracht. Da war das mit Apollo schon passiert."

"Was? Warum sagst du das denn nicht gleich?", rief

---

**in love with ...** in ... verliebt
**jealous of ...** auf ... eifersüchtig
**realized** hat begriffen

Hanna und wusste selbst nicht, ob sie sauer war, weil Tom erst jetzt mit dieser entscheidenden Information herausrückte oder weil er Jasmin nach Hause gebracht hatte. War diese Zicke etwa seine Freundin?

Tom grinste. "Ich wollte mal hören, was ihr euch so zusammenkombiniert."

"Du bist echt fies!"

"Tom, wir müssen weiter!", rief Herr Kesting aus dem Flur und Tom stand auf. "Danke für den Kakao."

"Ach übrigens, ich hab gehört, du hast eine Freundin", sagte Hanna lauernd. "Wer ist es denn?"

"Das musst du schon selbst rausfinden!"

"Mach ich auch, verlass dich drauf!"

"Well", meinte Cameron, "it looks as if it must have been Jörn."

Hanna nickte. "**Even so**, I can hardly believe it. I know he's quite **stuck-up** and thinks a lot of **himself**, but ... "

"Ne, er ist überhaupt nicht eingebildet", widersprach Charly. "Ich hab mich schon oft mit ihm unterhalten. Er hat Katzen gern, und sein Kater ist ... "

"Ach, du mit deinen Katzen. Bei mir tut er immer so, als sei ich das reinste Baby, bloß weil er schon sechzehn ist."

"Anyway, he must have been angry that Maren

---

**even so** trotzdem
**stuck-up** eingebildet
**himself** sich

**rejected** him. That was probably why he **flipped out**."

"So we've solved the case. But how can we prove that it was him?", fragte Cameron.

Charly hatte eine Idee. "Luise invited us over this afternoon, remember? Perhaps she'll know what to do."

"But we have to go to Malente first", sagte Kylie. "We need **all kinds of** things for our Christmas tree. I'm so looking forward to decorating it!"

"Me too", sagte Charly. "I have to **make sure** I don't put any **tinsel** on the **lower** branches. It **glitters** in the light, and Mausi loves to **chase** it."

"And eat it", ergänzte Hanna. "Which is not good for her at all. But that cat is so stupid she doesn't understand anything."

"Mausi ist nicht doof", protestierte Charly. "Sie spielt bloß gern mit den glitzernden Fäden."

"Und frisst sie, ehe man sich versieht. Aber jetzt lasst uns mal nicht über diese durchgeknallte Katze reden – wir müssen Möhren schnippeln."

---

**rejected** *hier:* einen Korb gegeben hat
**flipped out** ist ausgeflippt
**all kinds of** alle möglichen
**make sure** darauf achten
**tinsel** Lametta
**lower** untere
**glitters** glitzert
**chase** *hier:* fangen

# Verschmähte Liebe

Luise hatte die vier zum Bratäpfelessen eingeladen.
Der Weg war nicht weit und sie freuten sich, dass
der Schnee liegen geblieben war. Wenn es nach Cameron und Kylie gegangen wäre, hätte es ruhig noch
mehr schneien können.

Luise öffnete ihnen die Tür und lachte. "Oh, ihr
habt ganz rote Wangen von der Kälte – fast wie
meine Äpfel."

In ihrer Küche war es warm und gemütlich. Im Feuerherd knackte das Holz, und da sie immer einige
Tannenzapfen und -zweige hineinwarf, duftete es
wunderbar nach Wald.

"Okay, let's start." Sie deutete auf einen großen
Korb voller Äpfel. "Everybody choose an apple and
put it on the **stove**."

"But they'll **burn**", meinte Kylie.

"They won't. Just try it."

Ein wenig skeptisch behielten Kylie und Cameron
ihre Äpfel im Auge, während Luise eine Vanillesoße
kochte. Schon bald zog ein neuer wunderbarer Duft
durch die Küche.

"Wow", sagte Kylie, als sie mit den ersten Äpfeln am
Tisch saßen, während auf dem Herd der Nachschub

---

**stove** Ofen
**burn** verbrennen

schmurgelte. "I would never have thought they could be so **delicious**!"

Luise strahlte. "Have some hot **custard**. **Baked apples** at Christmas time – that was my favourite thing when I was a child."

"Die sind aber auch wirklich gut." Charly mampfte begeistert. "So sollte man Äpfel immer essen."

"Die schmecken sogar ohne Vanillesoße klasse. Ich leg mal gleich noch eine Ladung auf den Herd, ja?"

---

**delicious** lecker
**custard** Vanillesoße
**baked apples** Bratäpfel

"Nur zu, ich hab im Herbst von meinen drei Bäumchen Millionen Äpfel geerntet, darüber hab ich mich selbst gewundert."

"Millions of apples?", staunte Kylie. "You must have used magic ... or maybe you **threatened** the trees that you would cut them down if they didn't **produce** lots of fruit."

"Cut them down? Never! I would **feel** like a **murderer**. In my garden every tree has the right to live for as long as **Mother Nature** allows it to."

Charly holte sich ihren dritten Bratapfel vom Herd. "Mal was anderes, Luise. Wir haben die ganze Zeit überlegt, wer Apollo verletzt haben könnte. Und wie es aussieht, war es Jörn."

"Jörn?" Luise schaute sie völlig entgeistert an. "Wie kommt ihr denn auf diese absurde Idee?"

Hanna berichtete, was sie herausgefunden hatten, und Luise schwieg eine ganze Weile.

"Stimmt, das hört sich wirklich nicht gut an", meinte sie schließlich und seufzte. "Trotzdem – man darf niemanden leichtfertig verdächtigen, mit einem Messer auf ein Tier losgegangen zu sein."

"Ich war mir ja sicher, dass es der Wirt gewesen

---

**threatened** hast gedroht
**produce** produzieren
**feel** mich fühlen
**murderer** Mörder(in)
**Mother Nature** Mutter Natur

sein muss", seufzte Charly, "aber der hat ein wasserdichtes Alibi."

"Mich interessiert trotzdem, was da für Aktionen gegen ihn gelaufen sind", sagte Hanna. "Und ich wette, du weißt was darüber, Luise. Gib's zu."

"Ich? Wie kommst du denn darauf?" Luise grinste. "Na gut, ich geb's zu, dass ich auch bei den Tierschützern aktiv bin. Und den Spruch mit dem Ekelfraß hab ich ihm an die Tür gesprüht."

"Well done." Kylie lachte.

"You know, I can understand why he's trying to **make something of the place**. But there are so **many tourists** who love spending their holidays round here – he could make quite a lot of money **if he** just **rented** rooms to them. But of course that's **beneath** his wife's **dignity**. She wants to play the **lady**. It makes me **furious** to see how they **put on airs** and **at the same time treat** their dog so badly.

---

**make something of the place** etwas aus dem Laden machen
**many** viele
**tourists** Touristen
**if he rented** wenn er vermieten würde
**beneath** unter
**dignity** Würde
**lady** große Dame
**furious** rasend
**put on airs** sich aufspielen
**at the same time** gleichzeitig
**treat** behandeln

The poor animal got ill because it had to **lie** on wet **straw** – and there's nothing we can do about it! I tried to talk to them **several** times, but Mrs Engel **threw** me **out of the house**."

"Typisch", meinte Charly.

"Der Gipfel waren allerdings die organisierten Jagd-partys im Herbst", sagte Luise.

"Jagdpartys? What's that?", fragte Kylie.

"Well, everybody who paid enough money could **shoot** animals in the forest just for fun", erklärte Luise.

"**Honestly**?" Kylie war entsetzt.

"Yes. At least in the part of the forest that belongs to the pub."

"Aber wenn ich das richtig mitgekriegt habe, hat Maren ihm doch die Suppe versalzen, oder nicht?", wandte Hanna ein.

Luise grinste. "Maren hat die Sache organisiert und wir Tierschützer haben alle fleißig gepinkelt."

Die Kinder schauten sie sprachlos an. "**Sorry**, you did what?", fragte Cameron, der glaubte, er habe sich verhört.

---

**lie** liegen
**straw** Stroh
**several** mehrere
**threw** hat geworfen
**out of the house** aus dem Haus
**shoot** abschießen
**honestly** ehrlich
**Sorry?** Wie bitte?

"We **peed**", entgegnete Luise ungerührt. "We all went into the forest and peed on every single **deerstand** and everywhere else ... for as long as we could. You know, nothing **scares off** wild animals like the smell of **human pee**. It was **hilarious** to see how all Mr Engel's **posh** guests waited and waited for hours and didn't see so much as a mouse."

"Warum hast du denn nicht Bescheid gesagt?", rief Charly. "Da hätte ich wirklich gern mitgepinkelt."

"Ich auch." Hanna grinste. "War aber sicher nicht ganz leicht."

"Wir haben eimerweise Wasser getrunken, bis wir nicht mehr konnten", berichtete Luise. "Leg doch noch mal ein paar Äpfel auf den Herd, Charly. Nachher ... wer ist das denn noch?"

Draußen klopfte jemand an die Haustür. Hanna zog vorsichtig die Gardine etwas zur Seite. "Das ist Jörn." Sie drehte sich zu den andern um. "Come on, let's go so that Luise can **let** him **in**."

"Aber deswegen braucht ihr doch nicht zu gehen."

"Haben wir auch nicht vor." Hanna riss die Tür zu

---

**peed** haben gepinkelt
**deerstand** Jägerhochsitz
**scares off** verscheucht
**human pee** Menschenpisse
**hilarious** saukomisch
**posh** vornehm
**let in** hereinlassen

der kleinen Speisekammer auf und schob die anderen hinein. Luise schaute etwas verblüfft, stellte dann aber schnell die Teller weg und ging zur Haustür.

"Komm in die Küche, hier ist es schön warm", hörten die vier kurz darauf Luises Stimme. "Setz dich, Jörn. Wie wär's mit einem Bratapfel?"

"Nein, danke", sagte Jörn höflich. "Ich ... ich wollte eigentlich nur ... hier, die sind für dich."

"So schöne Blumen! Die waren doch bestimmt mordsteuer. Aber sie sind wunderschön. Danke, Jörn. Wie geht's denn deinem Knöchel?"

"Ist schon wieder ganz in Ordnung. Ich wünschte, man könnte alles so rasch vergessen."

"Manches dauert eben seine Zeit", sagte Luise.

"Und einen ... Liebestrank gibt es wohl nicht?"

"Jörn, ich kann dir nur eins versichern – erzwungene Liebe macht keinen glücklich."

Hanna, Charly, Kylie und Cameron lauschten gespannt. Vielleicht gestand Jörn jetzt, dass er Apollo verletzt hatte – aus Wut über Marens Abfuhr?

"Ich wollte neulich abends ja noch mal in Ruhe mit Maren reden, aber dann ... Jedenfalls bin ich froh, dass du mich gefunden und mir geholfen hast", sagte Jörn.

"Das war doch selbstverständlich. Und davon braucht auch keiner was zu erfahren."

Hanna hatte genug gehört. Sie riss die Tür auf und stürmte in die Küche.

"Was denn, bitte?"

Jörn und Luise schauten sie erschrocken an.

"Ich will jetzt wissen, wo du ihn gefunden und wobei du ihm geholfen hast!"

"Das geht dich zwar überhaupt nichts an, aber wenn du unbedingt willst - kann ich es ihr sagen, Jörn?"

Jörn nickte, und Luise fuhr fort: "Ich hab neulich noch einen kleinen Nachtspaziergang gemacht und dabei Jörn entdeckt, der mit verknackstem Knöchel am Straßenrand hockte. Er war ein paar Minuten vorher fast von einem Auto angefahren worden."

"Ach ja? Und wo war das?"

Luise überlegte. "Bei Ostermanns Koppel."

"Hab ich mir's doch gedacht!", rief Hanna. "Dann bist du der Pferdeschlitzer!"

"Ich?" Jörn schaute sie fassungslos an. "Ich war nicht mal in der Nähe von dem Pferd."

"Und was hast du dann bei Ostermanns Koppel gemacht − mitten in der Nacht, während alle anderen auf deiner Geburtstagsparty waren?"

Jörn schluckte. "Ich ... ich ... wollte noch mal zu Maren, weil doch jeder geglaubt hat, dass sie meine Freundin ist − und nun kam ausgerechnet sie nicht mal zu meiner Geburtstagsfeier. Alle haben mich insgeheim ausgelacht, das hab ich gemerkt. Da bin ich einfach los, um noch mal mit ihr zu reden ... "

"Und unterwegs hast du dann Apollo gesehen und vor Wut auf ihn eingestochen."

"Nein!", rief Jörn. "Ich bin ja nicht mal bis zu Ostermanns Zufahrt gekommen. Da sauste plötzlich ein
Auto an mir vorbei, das nur einen Scheinwerfer hatte
und mich fast über den Haufen gefahren hätte. Ich
konnte gerade noch zur Seite springen."
"Und kurz darauf hab ich ihn gefunden", ergänzte
Luise. "Er wollte nicht nach Hause, weil dort ja noch
seine Freunde feierten. Deshalb hab ich ihn mit zu
mir genommen, seinen Knöchel verarztet und ihn
hier übernachten lassen. Dass wir das nicht an die
große Glocke hängen wollten, könnt ihr euch sicher
denken; das gäbe nur dummes Gerede im Dorf."
Die Kinder schwiegen ratlos.
"But who attacked Apollo then?", fragte Kylie leise.
"It wasn't Jörn, that's for sure", erklärte Luise energisch. "I always know whether someone's **lying** or
telling the **truth**. And I believe him."


Später am Abend hockten die vier zusammen in
Hannas Zimmer und besprachen die Lage.
"We had so many **suspects**", seufzte Hanna. "And
now there's **none left**."
"Not a single one", sagte Cameron. "It was defi-

---

**is lying** lügt
**truth** Wahrheit
**suspects** Verdächtige
**none** keiner
**left** übrig

nitely not a horse ripper. It can't have been Jasmin. And if we believe Jörn ..."

"Maybe we're just looking in the wrong **direction**", unterbrach ihn Charly.

"What do you **mean**?", fragte Hanna.

"Na ja, mir ist gerade eingefallen, dass im Sommer drüben im Nachbardorf Pferde von der Weide gestohlen worden sind, und in anderen Dörfern ist das schon öfter vorgekommen, hat Papa erzählt."

"Stimmt", sagte Hanna. "Aber kannst du nicht Englisch reden?"

Charly seufzte. "Abends bin ich zu müde dazu. Und ihr versteht mich doch, oder?"

"Yes, we do", bestätigte Kylie. "I only wonder whether someone who wants to steal a horse would attack it with a knife."

"Vielleicht doch. Aus Wut, weil Apollo sich gewehrt hat?"

"Of course, that's possible."

"But why would someone want to steal a horse?", fragte Cameron.

"To sell it **abroad**, perhaps", erwiderte Hanna. "Or to use it for **breeding**. After all, Apollo is a valuable show jumper."

---

**direction** Richtung
**mean** meinst
**abroad** im Ausland
**breeding** Zucht

"Okay, but you can hardly put a horse in your pocket. They would have needed a **special vehicle**."

"Genau!", rief Charly. "Und das hatten die Diebe auch! Erinnert ihr euch noch, wie ich auf dem Feldweg hingefallen bin? Mitten in eine Glasscherbe?"

"Klar", sagte Hanna, der gar nichts klar war. "Und?"

"Es war ein sehr dickes Glas, weißt du noch? Woher stammte es? Von einem Autoscheinwerfer?"

Hanna schaute sie verdutzt an. "Mensch, Charly, langsam krieg ich richtig Hochachtung vor dir."

"Und wahrscheinlich waren es auch diese Pferdediebe, die beinahe Jörn überfahren hätten."

"You could be right", meinte nun auch Cameron. "We have to ask him what kind of car it was. Maybe he even saw the **number plate**."

"Come on, let's go and see if we can still find some **bits of broken glass**", drängte Hanna. "It shouldn't be difficult to see whether they're from something like a bottle or a car **headlight**."

"Aber es ist schon dunkel", wandte Charly ein.

"Hast recht. Schade. Dann gehen wir eben morgen früh – gleich als Erstes."

---

**special** besonderes
**vehicle** Fahrzeug
**number plate** Nummernschild
**bits of broken glass** Glasscherben
**headlight** Scheinwerfer

# Scherben im Schnee

Charly kuschelte noch gemütlich mit Mausi im Bett, als Hanna die Zimmertür aufriss.
"Los, hoch mit dir, wir müssen noch zu Ostermanns Koppel, ehe der Weihnachtstrubel anfängt."
Charly gähnte ausgiebig. "Der Weihnachtstrubel ist das Schönste im ganzen Jahr."
"Aber wir haben nicht jedes Jahr an Weihnachten einen Fall zu lösen, also steh schon auf!"
Seufzend schlug Charly die Bettdecke zurück, was Her Royal Highness Elisabeth die Erste mit einem

unwilligen Maunzen quittierte. Sie mochte es gar nicht, mitten im Schmusen gestört zu werden.

"Ich hab übrigens vorhin Jörn angerufen, aber der konnte nicht sagen, was das für ein Auto war, das ihn beinah angefahren hätte", berichtete Hanna, während Charly in Hose und Pullover schlüpfte. "Er sagt, es sei alles viel zu schnell gegangen. Ein Pferdetransporter war es jedenfalls nicht und es hatte auch keinen Anhänger. Nun beeil dich, Kylie und Cameron warten schon unten in der Küche."

Charly folgte ihr nach unten und begrüßte noch etwas verschlafen die beiden, die geduldig gewartet hatten und gerade dabei waren, ihre Jacken wieder anzuziehen.

Sie öffnete gähnend die Kühlschranktür.

"Du willst doch wohl nicht jetzt noch in aller Seelenruhe frühstücken?", fragte Hanna einigermaßen fassungslos.

"Natürlich."

"Das kommt überhaupt nicht in Frage! Wir müssen los."

"Jetzt gleich?" Charly gab Mausi das morgendliche Löffelchen Sahne.

"Jawohl, sofort", bestimmte Hanna energisch.

"Ohne Frühstück? Wie soll ich da wach werden?"

"Du kannst nachher den ganzen Kühlschank leer futtern. Aber wenn Mama uns vorher zu fassen kriegt, kommen wir heute garantiert nicht mehr weg."

Es dauerte nicht lange, bis sie die Stelle erreichten, wo von der Landstraße aus der Feldweg zum Reiterhof Ostermann abbog.

"It was somewhere here." Cameron scharrte vorsichtig im Schnee und hielt schon bald triumphierend eine Glasscherbe in die Höhe. "Look! And it's definitely from a headlight, not a bottle."

"Look at that." Hanna deutete auf einen Zaunpfosten am Straßenrand. "That's **paint**, isn't it?"

"It's car paint, definitely", bestätigte Cameron nach fachmännischer Begutachtung der Farbspuren.

"Also ist hier jemand diesen Feldweg entlanggefahren, um bei Ostermanns Pferde zu klauen – oder zumindest eines", stellte Charly fest.

"Sieht ganz so aus. Mist, dass gerade jetzt Weihnachten ist. Wir waren auf der völlig falschen Fährte. Aber das kriegen wir raus, wer diese Pferdediebe waren!"

"Jetzt gehen wir erst mal nach Hause", forderte Charly. "Schließlich hab ich noch nichts gefrühstückt. Außerdem ist heute Heiligabend und da will ich es gemütlich haben."

"Gemütlich?" Hanna lachte. "Seit wann ist es denn bei uns an Heiligabend gemütlich?"

"Schon immer", behauptete Charly. "Jedenfalls abends."

---

**paint** Farbe

Bis zum Abend ging es allerdings, wie in jedem Jahr, reichlich hektisch zu. Der Vater raste nach Malente, weil er die Hälfte der Einkäufe vergessen hatte; die Mutter musste unbedingt noch mal ins Dorf, zu Mittag machte sich jeder rasch ein Brot zurecht, doch dann war es endlich so weit, dass der Tannenbaum aus der Scheune geholt wurde, um ihn zu schmücken.

Wie immer übernahm das Herr Hansen zusammen mit Hanna und Charly, während Frau Hansen sich in die Badewanne legte und mindestens eine Stunde lang für niemanden zu sprechen war.

Beinah andächtig packte Charly den Christbaumschmuck aus und bewunderte die glitzernden Kugeln, die kleinen Figürchen und ihre selbst gebastelten Strohsterne. "Ich bin mal gespannt, wie ein australischer Weihnachtsbaum aussieht", meinte sie.

"Ziemlich weiß", behauptete Hanna. "Cameron hat mir erzählt, dass sie pfundweise Kunstschnee draufsprühen. Und dass sie noch nie eine echte Tanne hatten."

"Wie? Die kennen bloß diese Plastikdinger?"

"Klar, bei der Hitze dort wäre jeder echte Baum nach drei Tagen nur noch ein Gerippe. Ist das übrigens nicht komisch, dass die beiden heute Abend noch keine Geschenke kriegen? Irgendwie ist das dann gar nicht wie Weihnachten."

"Finde ich auch. Ich könnte nicht heute den Baum schmücken und dann wie immer ins Bett gehen."

Herr Hansen lachte. "Wenn du es nicht anders kennst, wäre das für dich ganz normal."

"Ist es aber nicht", sagte Hanna. "So, der Baum sieht prima aus und fürs Lametta ist Charly zuständig. Ich muss jetzt verschwinden und meine Geschenke einpacken."

"Na, dann lauf. Ich verschwinde auch. Muss mal kurz den Kartoffelsalat abschmecken."

Hanna grinste. "Du willst dir bloß eine Portion stibitzen, gib's zu."

"Hast recht. Aber ich hab schließlich Hunger."

"Hier wird nichts stibitzt!", sagte Charly streng. "Du rasierst dich jetzt, Paps, gehst unter die Dusche und ziehst dir dann was Ordentliches an. Ich mache inzwischen die Würstchen warm, und wenn Hanna und ich uns umgezogen haben, essen wir alle zusammen."

"Himmel, womit hab ich so tyrannische Töchter verdient." Herr Hansen seufzte. "Aber gut ... weil Weihnachten ist."


Am ersten Weihnachtstag schliefen sich alle gründlich aus, nur Herr Hansen war schon zeitig aufgestanden und hatte die Tiere versorgt, in der Küche aufgeräumt, die Spülmaschine angestellt und Frühstück gemacht.

"Ach", seufzte seine Frau genüsslich, "das ist ein Luxus, an den ich mich gewöhnen könnte."

"Stimmt, es sollte viel öfter Weihnachten sein", meinte Charly.

"Es muss ja nicht unbedingt Weihnachten sein, aber ein bisschen Urlaub vom Alltag zwischendurch, das wäre nicht schlecht. Helft ihr mir nachher beim Kochen?"

"Klar", sagte Hanna großzügig. "Wann kommen denn die andern?"

"Um eins."

"Da haben wir ja noch jede Menge Zeit, das schaffen wir locker."

Frau Hansen hatte die Familie Burrell zum Weihnachtsessen eingeladen und am Nachmittag wollten sie alle gemeinsam zum Reitturnier.

"Ich würde ja vorher gern noch mal zu Maren rübersausen und nachsehen, wie es ihr und dem Schwarzen geht", meinte Hanna.

"Bestimmt bestens", versicherte ihr Vater. "Da brauchst du gar nicht nachzusehen. Außerdem platzt man an Weihnachten nicht so einfach bei anderen Leuten rein."

# Fliegende Bratwürste

"Meine Damen und Herren, wie es seit etlichen Jahren Tradition ist, begrüßen wir Sie auch heute wieder zu unserem Weihnachtsturnier!", tönte es aus den Lautsprechern, als die Familien Hansen und Burrell die Anlage des Reitsportvereins erreichten.

"Sucht ihr euch drinnen schon mal gute Plätze", sagte Hanna vor der Halle. "Ich will nur mal kurz sehen, wie Maren drauf ist."

"Na so was, die ganze Mannschaft! Hallo!"

Hanna, Charly, Kylie und Cameron drehten sich um. Auf dem Platz herrschte Trubel wie auf einem Jahrmarkt; an etlichen Buden wurden allerlei Köstlichkeiten verkauft — und von dem Stand, der ihnen am nächsten war, winkte ihnen Luise zu.

"Hi Luise! You're here too?", fragte Kylie.

"Of course. I'd never **miss** a good **opportunity** to sell my **products**. Braucht ihr zufällig Küchenkräuter?", fragte sie die Erwachsenen. "Johanniskrautöl? Oder ein Kirschkernkissen? Alles garantiert aus eigener Herstellung!"

"Nein, danke." Frau Hansen lachte. "Aber ich wünsch dir trotzdem gute Geschäfte."

---

**miss** verpassen
**opportunity** Gelegenheit
**products** Produkte

"Schade, dass du keine Bratwurst verkaufst", meinte Charly bedauernd.

"Bratwurst? Das fehlte noch. Wie wär's denn stattdessen mit ein paar wunderbaren Dinkelplätzchen oder knusprigen Hafertalern?"

"Gern."

"Die schenk ich dir natürlich", flüsterte Luise und steckte ihr ein Tütchen zu, "aber sag's nicht weiter."

"Danke. Wir wollen noch nach Maren sehen, aber ich komm nachher noch mal vorbei."

Während die Eltern sich ihre Plätze suchten, gingen die Kinder zu den Reitern und entdeckten dort auch Maren.

"Na, wie sieht's aus?", fragte Hanna gespannt.

"Ich bin zwar furchtbar nervös, aber ich glaube, Jimmy und ich haben uns ganz gut aneinander gewöhnt."

"You definitely have a good chance", versicherte Cameron. "And **we've** all **crossed our fingers**, so don't worry."

"Ah, da drüben gibt's Bratwurst", rief Charly erfreut.

"Mann, nerv nicht", schimpfte Hanna. "Und guck mal genauer hin, wer das ist: der Herr Wirt höchstpersönlich. Da würde ich lieber verhungern, als dem was abzukaufen."

"Du vielleicht, ich nicht."

---

**We've crossed our fingers.** Wir drücken die Daumen.

"Na dann guten Appetit. Pass nur auf, dass er dir keine gegrillte Katze serviert."

Charly zuckte nur lässig mit den Schultern. Bei so einer Gelegenheit musste sie einfach eine Bratwurst essen, das gehörte nun mal dazu.

Offenbar waren auch andere dieser Meinung, denn vor dem Stand war eine lange Warteschlange.

"Oh dear", seufzte Kylie. "It looks as if **you'll have** quite **a long wait**." Sie und Cameron hatten Charly begleitet. Sie hatten zwar keinen Appetit auf Bratwurst, aber noch weniger Lust auf Pferdefachsimpeleien.

Charly schaute nervös auf die Uhr. "The competition starts in two minutes … "

"Hadn't we better go inside? I think Maren is one of the first riders. We can watch her and come back **afterwards**. What do you think?"

Charly nickte. "Good idea. Come on, let's go."

Kylie sah sich um. "Where's Cameron?"

Sie entdeckten ihn zwanzig Meter entfernt bei den geparkten Autos. Er winkte ihnen aufgeregt. "Look over here!"

"We can't", rief Charly. "We have to go inside!"

"Und nun der erste Starter", tönte es aus den Lautsprechern in der Halle. "Ela Sommer auf Rapsblüte!"

---

**You'll have a long wait.** Du wirst lange warten müssen.
**afterwards** danach

"Forget it! This is much more important!", drängte Cameron.
Eilig liefen die beiden Mädchen zu ihm.
"Have a look at this." Cameron stand neben einem dicken Mercedes und deutete auf den rechten Scheinwerfer. Das Glas war kaputt.
"I don't believe it", sagte Charly. "And it's the right colour, isn't it?"
Kylie nickte aufgeregt. "Yes, that's exactly **the same** paint we saw on the **post**."
"You know whose car this is?", fragte Cameron.

---

**the same** dieselbe
**post** Pfosten

"Oh yes", sagte Charly. "Come on, let's go and tell Hanna!"

Sie rannten in die Halle. Hanna stand in der Nähe des Eingangs und beobachtete gespannt die erste Reiterin. "Ha, ich wusste, dass die einen Fehler machen würde", meinte sie fast triumphierend.

"Listen, Hanna ...", sagte Cameron.

Hanna winkte ab. "Later. Maren's next. What a shame that she has such an **unlucky number**."

"Als Nächste am Start: Maren Ostermann auf Jimmy", verkündete der Sprecher.

"Hanna, we've found something important."

"Not now! Keep your fingers crossed."

Hanna ließ nicht mit sich reden und den dreien blieb nichts anderes übrig, als abzuwarten.

Maren schaffte den Parcours mit null Fehlern. Alle jubelten.

"Na bitte", sagte Hanna hochzufrieden. "Bin mal gespannt, ob Tina das auch hinkriegt."

"Aber da wette ich drauf", sagte Herr Jensen, der mit Herrn Ostermann hinter ihnen stand.

"Hanna, listen!" Cameron berichtete Hanna aufgeregt, was sie entdeckt hatten. Er gab sich keine Mühe, leise zu sprechen, und so hörten Herr Ostermann und Herr Jensen fassungslos zu. Cameron hatte kaum zu Ende erzählt, da gingen die beiden entschlossen

---

**unlucky number** ungünstige Startnummer

aus der Halle und direkt zum Bratwurststand, der mittlerweile ganz verlassen war, da alle das Turnier verfolgten.

"Wie wär's mit einer Bratwurst, die Herrschaften?", fragte die Wirtin. "Schmeckt ausgezeichnet."

"Wir verarbeiten nämlich nur erstklassige Ware", ergänzte ihr Mann, "wie es sich für ein Restaurant der Spitzenklasse gehört."

"Aha", sagte Herr Jensen. "Und kaputte Klos kann sich natürlich so ein Spitzenklasserestaurant nicht leisten, was?"

Der Wirt schaute ihn etwas verwundert an. "Das versteht sich von selbst."

"Da kann man dann möglicherweise schon mal ein wenig ausrasten, nicht wahr?"

"Wie bitte? Wovon reden Sie überhaupt?"

"Wovon ich rede? Dass Sie versucht haben, Marens Apollo abzustechen."

"Ich?", rief Herr Engel fassungslos. "Ich! Wie ... wie kommen Sie denn auf so eine absurde Idee?"

"So absurd ist das gar nicht. Mit Maren stehen Sie doch schon länger auf Kriegsfuß."

"Jawohl, weil sie mir das Geschäft ruiniert. Und was das heißt, muss ich Ihnen als Geschäftsmann ja wohl nicht erst sagen."

"Nein, aber deshalb gehe ich nicht mitten in der Nacht los und steche auf ein Pferd ein."

"Verdammte Schweinegrütze!", herrschte der Wirt

ihn an. "Was reden Sie denn da? Ich hab auf kein
Pferd eingestochen."

"Aber ich", sagte seine Frau.

Alle starrten sie sprachlos an.

"Jawohl, ich war's. Und es tut mir kein bisschen
leid."

"Du?", flüsterte der Wirt. "Anneliese, du?"

"Ja, ich. Seit Monaten haben wir Ärger mit diesem
verzogenen Gör, das es drauf anlegt, uns zu ruinieren.
Sie wissen, dass Ihre Tochter uns sämtliche Klos verstopft hat und wahrscheinlich einen Riesenspaß daran
hatte, aber für uns war es das nicht! Die Weihnachtsfeier ist geplatzt, die nächste konnten wir auch gleich
absagen, obwohl mein Mann mit Mühe und Not
einen Klempner auftreiben konnte, der so spät am
Abend noch vorbeikam. Was das gekostet hat, können Sie sich wahrscheinlich nicht mal vorstellen."

"Na, ich werde ja die Rechnung kriegen", meinte
Herr Ostermann trocken.

"Allerdings!", schrie die Wirtin völlig außer sich.
"Aber wer bezahlt uns den Verdienstausfall und die
Rufschädigung? Tagelang war der Gasthof geschlos-
sen, dabei waren wir gerade jetzt jeden Abend ausge-
bucht. Lauter großzügige Gäste. Mein Mann hat sich
derart aufgeregt, dass er zusammengeklappt ist und
ich den Arzt rufen musste ... alles nur wegen Ihrer
Tochter!"

"Verstehe. Und da hat Sie die Wut gepackt."

Ohne dass es jemand bemerkt hatte, war Maren hinzugekommen. "*Sie* haben Apollo umbringen wollen?"

"Ich bin bloß losgefahren, um dir und deinen Eltern mal gründlich die Meinung zu sagen und dass ich mir deine Frechheiten nicht mehr länger gefallen lasse."

"Und wieso war dann Apollo verletzt?", fragte Hanna.

"Vor lauter Aufregung und weil die Windschutzscheibe ganz vereist war, bin ich beim Einbiegen auf den Weg zum Reiterhof gegen einen Pfosten gefahren. Ein Scheinwerfer ging zu Bruch und ich musste aussteigen, um wenigstens die Scheibe freizukratzen. Da kam dieser dämliche Gaul an den Zaun, glotzte mich an und wieherte schadenfroh ... wirklich, als wollte er mich auslachen!"

"Apollo ist doch nur neugierig, er mag Menschen", rief Maren.

"Ich muss mich nicht von einem Pferd auslachen lassen, ich nicht", zeterte die Wirtin, "hörst du? Mir reichen deine Frechheiten."

"Was haben Sie getan?", fragte Maren leise.

"Ich hab ihm eins mit dem Jagdmesser versetzt."

"Mit ... mit welchem Jagdmesser?", fragte der Wirt.

"Mit deinem natürlich, du Dummkopf", keifte seine Frau. "Hattest es ja wieder mal im Auto liegen lassen."

"Mit ... meinem guten Jagdmesser ... ein Pferd ..."
Herr Engel schaute sie fassungslos an.

"Und dann?", fragte Herr Ostermann ruhig.

"Dann bin ich rasch ins Auto, ehe mich noch jemand sieht – und hätte auf der Straße fast diesen Jungen über den Haufen gefahren. Woran du dann auch schuld gewesen wärst!", schrie die Wirtin Maren an.

"Es tut mir leid", flüsterte Maren mit bleichem Gesicht. "Das ... das wollte ich alles nicht."

Frau Engel zuckte nur wortlos mit den Schultern.

"Ich ... ich weiß gar nicht, was ich sagen soll", stotterte der Wirt.

"Am besten gar nichts", fauchte seine Frau. "Und überhaupt – was zählt schon so ein blöder Gaul."

"Jetzt reicht's." Herr Ostermann zog sein Handy aus der Tasche. "Ich hätte ja mit mir reden lassen, da die Aktionen meiner Tochter sicher auch nicht so ganz in Ordnung waren, aber auf ein argloses Tier einzustechen und es dabei womöglich zu töten ... das geht eindeutig zu weit. Ich rufe die Polizei."

"Tun Sie das, tun Sie das!" Außer sich vor Wut griff die Wirtin mit beiden Händen nach den Bratwürsten, die auf dem Rost schmurgelten, und schleuderte sie nach Herrn Ostermann, der hastig in Deckung ging. "Die sollen nur kommen! Jawohl! Denen hab ich auch so einiges zu erzählen und dann geht es Ihrer Tochter an den Kragen!"

"Anneliese!" Der Wirt fiel seiner Frau in den Arm.

"Unsere guten Würste! Was tust du denn da? Und die Hände hast du dir auch noch verbrannt."
"Und wenn schon! Du hättest ja tatenlos zugesehen, wie dieses Gör uns ruiniert! Lass mich gefälligst los!"
Damit riss sie die Tür der Bratwurstbude auf, stürmte aus dem Wagen, stolperte über ein Stromkabel und schlug der Länge nach hin.
"**Bullseye**!" Cameron grinste breit. "Right in the **horse-shit**."
"**Serves her right**", nuschelte Charly.
"Sag mal, was mampfst du denn da?", fragte Hanna.
"Eine Bratwurst. Kam direkt auf mich zugeflogen."
"Die zahlst du aber!"
"Wieso? Hab ich ja nicht bestellt, bloß gefangen. Da darf ich sie wohl auch essen."

---

**Bullseye!** Volltreffer!
**horse-shit** Pferdescheiße
**Serves her right.** Geschieht ihr recht.

Herr Engel half seiner Frau hoch, die nur halbherzig versuchte, sich zu wehren. "Ich bringe meine Frau zum Sanitäter", sagte er. "Wenn sie verarztet ist, können wir weiterreden."

"Meine Damen und Herrn, wir kommen nun zur Siegerehrung!", tönte es aus den Lautsprechern.

"Ich muss rein!" Maren schaute unschlüssig ihren Vater an.

"Lauf nur", sagte Herr Ostermann. "Hier passiert jetzt sowieso nichts mehr."

"Warte", rief Hanna, "wir kommen mit!"

"Dritter Platz – Ela Sommer auf Rapsblüte!", verkündete der Ansager und alle klatschten Beifall.

"Zweiter Platz – Nadine Roth auf Brummbär! Und erster Platz und damit Siegerin unseres Weihnachtsturniers: Maren Ostermann auf Jimmy!"

Cameron pfiff durchdringend, Kylie klatschte, Hanna und Charly brüllten wie die Wilden. Aber am meisten freute sich Herr Jensen.

"Look at him", sagte Cameron. "He's so **delighted**, even though his daughter didn't win."

"But my horse did!", rief Herr Jensen strahlend. "I wasn't sure whether Jimmy really was a good show jumper – but now I know. And that**'s thanks to** Maren."

---

**delighted** begeistert
**is thanks to** ... ist ... zu verdanken

Er drängelte sich nach vorn zum Siegerpodest, zer-
drückte Maren fast vor Begeisterung und tätschelte
stolz den Rappen.
Herr Ostermann war in die Halle gekommen und
setzte sich zu ihnen.
"Have the police arrived?", fragte Kylie gespannt.
"**Have** they **arrested** Mrs Engel?"
Herr Ostermann schüttelte den Kopf. "We've had
enough trouble already. Mr Engel and I talked about
the whole **affair,** and although of course there's no
**excuse** for what his wife did, we **agreed** not to **in-
form** the police. After all, Mr Engel **didn't press
charges against** Maren."
"Wieso Maren?", fragte Hanna.
"Na ja, was sie getan hat, ist auch nicht ohne. Das ist
Sachbeschädigung und hat den Wirt einiges gekostet.
Ich übernehme das. Sein Hund kriegt von mir eine
anständige Hütte spendiert und Maren geht jeden
Tag einmal mit dem Tier spazieren."
"That's fair", meinte Cameron.
"Dafür zahlt Herr Engel die Behandlung für Apollo",

---

**have arrested** haben verhaftet
**affair** Sache
**excuse** Rechtfertigung
**agreed** haben uns geeinigt
**inform** informieren
**didn't press charges** hat keine Anzeige erstattet
**against** gegen

fuhr Herr Ostermann fort, "und Frau Engel ein Jahr lang sein Futter."

"Das wird nicht billig." Charly grinste. "Apollo ist ganz schön verwöhnt."

"But at least it wasn't a horse ripper", sagte Kylie.

"Ja, das ist die Hauptsache", seufzte Hanna erleichtert.

"Und ich hatte von Anfang an recht", meinte Charly zufrieden.

"Gar nicht wahr. Du hast immer auf den Wirt getippt."

"Na und? Die Richtung hat gestimmt."

"Quatschkopf. Jedenfalls finde ich's super, dass Maren trotz allem das Turnier gewonnen hat."

"But wasn't it strange?", sagte Cameron. "All the **winners** were girls."

"That's not strange at all", widersprach Hanna. "It just proves that girls ride better than boys."

Cameron schüttelte den Kopf. "It just proves that boys should stay away from horses. Thank God Santa Claus was clever enough not to give me riding lessons!"

"Das macht dann der Osterhase", versicherte ihm Charly. "Dafür sorgt Hanna schon, wart's nur ab."

---

**winner** Gewinner(in)